사일런트 인텔리전스

사물인터넷 현재와 미래

관련 정보와 질문을 원하신다면 다음 주소로 이메일을 보내세요.
info@thesilentintelligence.com

기자 분은 다음 이메일 주소로 연락해주세요.
media@thesilentintelligence.com

트위터 @SilentIntelBook
유튜브 http://youtu.be/2-LvsxJ-ls0
웹 사이트 www.thesilentintelligence.com
페이스북 https://www.facebook.com/thesilentintelligence
링크드인 http://www.linkedin.com/groups/Silent-Intelligence-Internet Things-5036434

일러두기
이 책에 사용된 표현과 용어는 한국 실정에 맞는 표현과 용어로 교체되었습니다.

사일런트 인텔리전스

사물인터넷 현재와 미래

대니얼 켈머라이트, 대니얼 오보돕스키 지음 | 이윤덕 감수 | 김우용 옮김

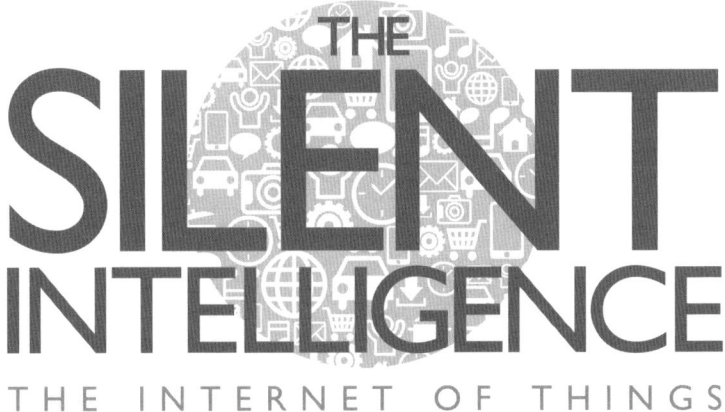

THE
SILENT
INTELLIGENCE

THE INTERNET OF THINGS

한ㄹ

추천사

이 책의 추천사를 써달라고 대니얼 오보돕스키가 요청했을 때, 맨 처음에 든 생각은 "사람들이 보통 읽지도 않는 추천사를 말인가요? 쓸 수야 있겠지만"이었다. 그러나 농담이 아니라는 것을 깨닫고 나서, 두 번째로 든 생각은 "음, 해야겠군"이었다. 그래서 이렇게 추천사를 쓰게 되었다.

나는 운 좋게도 이미 1999년부터 '사물인터넷(Internet of Things) 운동'에 참여하기 시작했다. 그 당시 우리는 그 잠재적인 시장을 어떻게 불러야 할지조차도 전혀 확정하지 못했다. 그러면서도 나는 시장 채택(adoption)이 곧 이루어질 거라고 늘 기대해왔다. 그래서 모든 사물이 연결될 것이라는 점에 대해서는 지금도 여전히 낙관하고 있다. 단지 시간 문제일 뿐이다. 2000년대 초반에 우리는 기업들이 그들의 제품을 연결시키는 데 따른 효용이 너무나 자명해 보여서 곧 혁신이 일어나고, 몇 년 내에 그 혁신이 끝나게 될 것이라고 생각했었다.

회사 보유 브랜드의 가치를 높여주고, 지출해야 하는 비용을 줄여주며, 더 좋은 고객 서비스를 하도록 도와주고, 제품 공급 과정을 차별화하며, 고객과의 반복적인 관계를 구축해주고, 더 높은 고객 만족을 이루도록 도와주면서 그 이상도 가능하게 해주는 기술에 상대적으로 조금만 투자하면 되는데, 어떤 회사가 투자를 미루겠는가? 사실 당신은 직장에서 원격으로 당신 집에 있는 커피 머신을 켤 수도 있지 않은가! 사람들이 그런 식으로 할 거라는 우리의 생각은 우리에게는 너무나도 당연해 보였다. 그래서 3~5년 이내에 온 세상이 연결되리라 생각했다. 사실, 가끔씩 우리는 그 댄스파티에 우리가 너무 늦어버린 것은 아닌지 걱정하기도 했다.

돌이켜 보면, 대부분의 와해성 기술(disruptive technology)을 채택할 때처럼, 그 일이 2년 만에 일어나지는 않았다. 심지어 5년이 지나도 마찬가지였다. M2M(Machine-to-Machine)의 채택은 여러 시장에서 이루어져왔지만. 14~15년이 지난 지금에서야 우리 곁에 살짝 다가온 것 같다.

이런 것을 세상이 알아차리는 데 왜 그리도 오래 걸렸을까? 우리 중 누군가는 이미 지난 10년 이상 알고 있었던 것인데 말이다. 사실, 기존의 비즈니스 모델을 와해시킬 수 있는 신기술은 대개 받아들여지는 데 훨씬 많은 시간이 필요하다. 그 시장에서 누군가가 원하거나 기대하는 것 이상으로 말이다. 미국 시장의 경우에, 휴대폰이 주된 대중 시장(mass-market)을 점유하는 데 거의 20년 가까이 걸렸다. 클라우드 컴퓨팅(SaaS 등)도 그 기원을 오래 전에서부터 찾을 수 있다. 몇 안 되는 예외로서, 태블릿 PC가 아마도 가장 잘 알려진 아웃라이어outlier일 텐데, 이마저도 기술 채택에 몇 년이 필요했다.

많은 초기 시장 진입자들처럼, 시장이 선견지명 있는 고객들과 얼리어답터early-adopter의 시장에서 곧장 주류시장(mainstream adoption)으로 옮겨 갈 거라는 생각에 우리는 속았다고 생각한다. 그러나 제프리 무어의 책 《캐즘 마케팅(Crossing the Chasm)》에서 잘 설명된 바와 같이, 조기 수용자와 조기 다수자(early majority) 사이에 놓인 캐즘chasm 을 건너가려면, 기업들이 쉽게 소비할 수 있도록 해주는 무엇인가에 그 기술을 묶을 필요가 있다. 이는 완벽한 솔루션을 내놓는 것뿐만 아니라, 그 솔루션이 신뢰받는 브랜드로부터 그리고 글로벌 규모로 공급하는 기업으로부터 제공되어야 한다는 것을 의미한다.

내가 시장 성숙 단계(market maturity) 내에서 우리의 위치를 가늠해볼 때 종종 쓰는 방식 중 하나는, 생태계 내에서 초기 진입자들에게 무슨 일이 벌어지고 있는지를 보는 것이다. 그들이 지금, 벤처투자회사를 통해서 불꽃을 피우고 있는가? 같은 고객들을 거듭 반복해서 발표하고 있는가? 사업을 철수시키고 있는가? 다른 소기업들과 합병 중인가? 또는 이 분야에 관심 있는 대기업에 인수되고 있는가? 일단 이동통신 사업자가 인수·합병에 끼어들었는가? 하는 것이 M2M에서는 중대한 지표였다. 이는 대규모 채택(mass adoption)을 위한 티핑포인트[1]가 나타나는 중이었다는 뜻이다.

이것이 정확히 내가 경험한 것이다. 먼저 퀄컴은 2006년에 나의 M2M 플랫폼 전문 회사인 엔페이즈nPhase를 인수했다. 이것은 그 시장에서는 일종의 거대한 타당성 검증 작업인 셈이었고, 다른 사람들에게는 그 분야를 더욱 진지하게 들여다보기 시작하게 하는 일종의 신호였다. 그리고 몇 년 후, 우리는 퀄컴과 버라이존 와이어리스Verizon Wireless의 조인트벤처joint venture 형태로 회사를 끌고 가다가 결국 버라이존 와이어리스에 매각했다.

M&A를 통한 이동통신 사업자들의 특정 분야 진출은 무엇을 의미할까? 내 관점에서 볼 때, 그것은 그들의 채널이 이 세상 거의 모든 회사에 닿아있다는 것이다. 만약 그들이 주도권에 초점을

---

1 tipping point, 급속하고 거대한 변화가 극적으로 촉발되는 순간이다. _옮긴이 주

맞춘다면, 그들은 시장의 수준을 끌어올리고, 규모도 극적으로 확장시킬 수 있다. 그리고 그것이 바로 그들이 하고 있는 일이다. 재미있는 것은 대규모 채택이 이루어지려던 당시에는 그것이 그다지 큰 거래가 아닌 것처럼 보인다는 것이다. 시간이 지나면서 우리는 신기술에 적응하게 된다. 사실, 그 기술이 더 이상 경탄할 만한 것이 아닌 듯 할 때 대규모 시장 채택(mass-market adoption)이 일어나는 것이다. 결국 신기술은 눈에 띄지 않고 조용히 우리 일상 경험의 일부가 된다.

그래서, 그것이 나에게는 '우리는 사물인터넷과 함께 살고 있다'는 느낌을 준다. 나는 당신이 오늘날 연결 기능을 기본적으로 장착하지 않은 자동차를 구입조차 할 수 있을지 확실하게 대답할 수 없다. 적어도 옵션으로라도 연결 기능을 장착할 수 있는 자동차를 구입하려고 할 것이다. 당신은 전자책 단말기나 태블릿 PC가 어디에서든 클라우드에 끊김 없이 연결되어 책이나 신문을 내려받게 되는 것도 기대한다. 당신은 당신의 택배나 피자 배달 차량이 지금 어디쯤에 있는지 파악할 수 있었으면 하고 기대한다. 당신은 당신의 프린터가 잉크가 떨어졌다고 말해주기를, 비행기 운항 상황을 인터넷으로 추적할 수 있기를, 그리고 당신은 당신의 어떤 것(컴퓨터, 공기압축기, 건설 장비, MRI 기기, 트럭, 무엇이든)에 문제가 생겼을 때, 누군가가 원격으로 연결해 들어와서, 실제적으로 고치지는 못하더라도, 문제가 뭔지 진단이라도 해주기를 기대한다. 이것이 연결된 세계(connected world)의 약속이다. 그리고 이미 우리에게 다가와있다. 내가 생각했던 것보다는 아주 조금 늦기는 했지만 말이다.

이것이 내가 '바로 요즘이 이 책이 출판되기에 완벽한 시기'라고 생각하는 이유다. 만물인터넷[2]은 일반적인 업계에서는 아직 제대로 이해되지 못하고 있다. 그래서 이 책이 우리를 복합적 시장으로 데려다줄 것이다. 여기에는 시장 개발 과정에서 능동적인 역할을 해왔던 많은 사람들과의 인터뷰가 실려있다. 이 책은 사물인터넷에 대한 다방면에 걸친 가치 있는 전망(perspectives)을 제공한다. 당신은 이 책에서 이 기술이 우리의 일상 생활에 미치는 영향들(명백한 것도 있고 그만큼 명백하지는 않은 것도 있는) 중 일부를 배우게 될 것이다. 또한 이러한 개념들을 앞으로 어떻게 적용할 수 있을 것인가에 대해서도 배우게 될 것이다. 기업들이 이러한 능력을 지렛대로 삼아 그들의 사업을 키워낸 방법들 중 일부에 대해서도 읽게 될 것이다. 그리고 그러다 보면, 당신은 재미있고, 유익하고, 박식한 독서를 즐길 수 있을 것이다. 내가 대단히 존경하는 두 저자들에 의해서 말이다.

2013년 4월 스티브 파졸

---

2 Internet of Everything. 퀄컴이나 시스코 등 일부 기업은 마케팅 차별화를 위해 사물인터넷(IoT)이라는 용어 대신 IoE, 즉 Internet of Everything이라는 용어를 쓰기도 한다. _옮긴이 주

머리말

2011년 11월의 어느 추운 날, 우리 둘은 데테콘Detecon USA가 열리던 고층 건물 제일 높은 층의 회의실에서 기술 트렌드에 대해 토론하고 있었다. 회의실 밖에는 멋진 샌프란시스코 만이 펼쳐져있었다. 우리는 클라우드 서비스cloud service, 빅데이터big-data, 모바일 헬스케어mobile health care 등에 대해 논의하곤 했다. 우리는 이런 토론을 여러 달 동안 계속해왔다. 이 토론은 마치 샌프란시스코 만이 그렇듯 큰 생각과 흥미로운 발상을 고무시키는 것 같았다. 우리는 종종 사물인터넷이나, 그것을 가리키는 더 기술적인 용어인 M2M에 대해 이야기하기도 했다. 그 주제가 한편으로는 혼란스럽기도 하고, 다른 한편으로는 흥미롭게도 보였던 이유는, 그 주제가 여러 기술 트렌드들과 결합되었기 때문이다.

우리 중 누가 IoT(사물인터넷)에 관한 책을 쓰자는 아이디어를 제일 먼저 꺼냈는지는 모르겠다. 하지만 우리 둘 모두는 즉각적으로 그 아이디어에 매료되었기에 착수하기로 결정했다. 사실, 영국 수상이었던 벤저민 디즈레일리(1804~1881)는 "어떤 주제에 대한 전문가가 되는 가장 좋은 방법은 그것에 대한 책을 한번 써보는 것이다"라고 말한 적이 있다. 그렇지만 우리는 우리가 들어가 보고자 했던 그 주제에 관해서 거의 알지 못했다.

업계의 많은 사람들과 마찬가지로 우리도 IoT의 새로운 성장에 비상한 관심을 가지고 있었다. 우리 각자의 재능과 배경이 서로 보완되었다. 대니얼 켈머라이트는 최상위권 컨설팅 회사의 CEO이며, 여러 권의 책을 저술했고, 잘 구조화된 분석적인 마인드를 가지고 있다. 대니얼 오보돕스키는 퀄컴에서 다수의 IoT 프로젝트를 이끌었고, 실무 경험도 가지고 있다. 우리 둘은 모두 기술/정보 시스템 산업 분야에서 광범위한 인맥을 쌓고 있으며, 특히 IoT 분야에서는 더욱 그러했다.

우리는 우리가 존경하는 지인들을 찾아가서, 들을 수 있는 대부분의 경험을 인터뷰하고, 그들의 이야기를 독자들에게 전하기로 결심했다. 이 과정에서 우리는 또한 이 분야의 선구자들, 사상가들, 예지자들 등 놀라운 이들도 만나서 인터뷰했다.

우리가 알아낸 것들 중 하나는 이미 우리 주변에서 아주 많은 사물인터넷 사례가 실제로 존재한다는 것과, 우리가 그런 것을 거의 알아차리지 못하고 있었다는 사실이다. 그 이유는 이 주제가 아주 다양하며, 소셜네트워크나 스마트폰과 달리 대중 매체가 거의 다루지 않았기 때문이다. 그래서 우리는 이 책의 제목을 '사일런트 인텔리전스Silent Intelligence'라고 짓기로 했다. 우리 주변의 기계와 사물들이 점점 더 지능화되어가면서도 아주 조용히 활동하고 있다고 느꼈기 때문이다.

공동 집필이 가지고 있는 고유의 복잡성과 결합되면서, 각자의 업무들은 도전과 마주했다. 그럼에도 우리 둘은 우리를 위해서든 우리의 독자들을 위해서든 이 책을 집필할 필요가 있다고 생각했다. 우리는 결단력과 책임감을 가지고서 협업 프로젝트에서 마주쳤던 도전들을 극복하고, 거의 1년이 지나서 독자들의 손에 이렇게 마무리한 최종본을 전달할 수 있게 된 것이다.

이 책의 대표 주제는 "우리를 둘러싸고 있는 물리적 세계와 인터넷의 가상적 세계의 연결이 어떻게 거대한 이득을 만들어낼 수 있는가?"이다. 물리적 세계에서의 사물이란 자동차, 건물, 산업용 기계, 가전 기기, 의료 장비, 자전거, 식물, 동물, 인간의 몸과 같은 것들을 의미한다. 이득이란, 예를 들자면, 분실했거나 도난을 당한 물건을 내장형 GPS 추적 장치를 사용해 회수하고, 소형 신체 센서를 사용해 집에 있는 환자의 건강 상태를 병원 같은 곳에서 관찰함으로써 심장마비를 예방할 수 있게 하며, 세상 어디에서든 당신 집안의 온도와 보안 상태를 살필 수 있게 하는 것 등을 의미한다.

사물인터넷의 잠재력이 거대하지만, 그에 대한 도전도 만만치 않다. M2M 서티파이드M2M Certified의 켈리 벤투리니는 "모든 사람이 연결되기를 원하지만, 그 방법을 알려고 열광하지는 않아요"라고 말한다.

〈이코노미스트〉, 〈파이낸셜타임스〉, 〈뉴욕타임스〉, 〈매킨지쿼털리〉, 〈하버드비즈니스리뷰〉와 같은 다양한 매체가 사물인터넷에 관해 많은 글들을 작성했고, 두서너 가지만 예를 들자면, 하버리서치Harbor Research, ABI, 프로스트앤설리번Frost & Sullivan도 연구 결과와 백서를 거듭 내놓았다. 그래서 우리는 이러한 자료들을 기반으로 좀 더 깊이 그리고 더 멀리까지 조사해보고자 했다. 그리하여 다음과 같은 기본적인 질문에 대답할 수 있게 되기를 희망했다.

"사물인터넷이란 무엇인가? 어떻게 다가오고 있는가? 핵심 트렌드는 무엇인가? 잠재력은 무엇인가? 이 분야에서 성공하려면 무엇을 해야 하나?"

우리의 목표는 이 거대한 주제에 대해 우리 스스로가 먼저 잘 이해하는 것이었다. 이를 위해서 언급했던 자료를 분석하고, 우리의 경험을 되짚어보고, 산업계의 생각 있는 선구적 사상가들과 주제별 전문가들을 만나서 이야기를 나누었다. 그런 뒤 우리는 우리가 발견해낸 것들을 독자들과 함께 공유하고자 했다. 우리는 여러분들이 사물인터넷 분야를 좀 더 잘 이해하게 되고, 그 잠재력을 깨닫게 되고, 그 도전들과 복잡성을 인식하는 데 이 책이 도움이 되기를 희망한다. 마지막에 가서는, "어떻게 장애를 극복하고, 어떻게 투자와 고용 창출에 가장 유망한 분야를 식별할 것인가?"에 대한 우리의 관점들이 공유되기를 바란다.

이 책의 제1~4장에서는 마치 10킬로미터 상공에서 내려다보듯 주제 전반을 조망하고, 제5~7장에서는 보다 더 실제적이고 세부적인 곳으로 내려가서 구체적인 도전과 기회들 그리고 사례들을 살펴볼 것이다.

제1장에서는 사물인터넷을 정의하고, 사물인터넷이 우리의 일상 생활에 미칠 영향을 논의하면서 본문을 시작한다. 여기서는 M2M(Machine-to-Machine), IoT(Internet of Things)는 물론 임베디드컴퓨팅embedded computing, 스마트서비스smart services 같은 용어의 본질을 알아보고, 사물인터넷과 관련된 역사도 살펴볼 것이다. 우리는 〈커넥티드월드Connected World〉지에서 '페기 스메들리 쇼the Peggy smedley Show'를 진행하는 페기 스메들리가 말해준 "미래를 전망하려면 먼저 과거를 돌아봐야 합니다"라는 조언을 따랐다. 그것은 사물인터넷이 어디에서 왔으며, 어떤 트렌드를 앞

세워왔는지, 특히 지금 현재 이 분야에서의 새로운 서비스들, 새로운 비즈니스들, 새로운 사업 기회들의 기하급수적인 성장을 촉진해낼 만한 트렌드는 무엇인지를 우리가 이해하게 되는 데 아주 중요한 것이었다.

제2장에서는 IoT의 기술 생태계와 다양한 참여자(player)들에 대해 거론한다. 여기서 우리는 이 생태계를 데이터 수집(data collection), 전송(data transport), 분석(data analysis)이라는 3개의 논리적인 주요 영역으로 구분하려고 한다. 또한 사물인터넷 분야의 주된 기술적 도전 과제들과, 이러한 도전 과제들을 풀어가며 얻을 수 있는 기회에 대해서도 거론할 것이다.

제3장에서는 사물인터넷의 미래를 들여다보고, 현란한 새로운 세상이 우리에게 어떻게 보이게 될지를 집중적으로 논의할 것이다. 우리는 "기계가 보다 더 많은 의사 결정을 하게 되는 시대가 왔을 때 인간은 무슨 역할을 맡게 될까?", "사물인터넷의 비전을 실현하는 과정에서 인간이 병목(bottleneck) 같은 장애가 될 수도 있을까?" 같은 다소 도발적인 질문을 던져볼 것이다. 우리는 또한 다양한 디바이스device들 간의 편재적 연결(ubiquitous connectivity)이라는 것이 실제로 어떻게 보일지에 대해서도 들여다볼 것이다.

제4장에서는 IoT 관련 핵심 산업들에 집중한다. 우리는 커넥티드 시티connected city, 커넥티드 홈connected home, 커넥티드 헬

스케어connected healthcare, 커넥티드 카connected car 분야를 선정했
다. 비록 이 분야들이 IoT의 모든 면을 포괄한다고 할 수는 없으
나(실제로 가깝지도 않지만), IoT 기술이 가지게 될 영향력을 보여
주는 탁월한 예가 될 것이다. 또한 우리는 독자들이 이러한 개관
을 통해 사물인터넷에서 자신만의 새로운 영역을 발견하는 데 도
움을 받기를 바란다.

제5장은 기술이나 사업의 성공과 관련하여 잘 정의된 적용 사
례(use case)가 얼마나 중요한가에 대한 토론으로 시작된다. 다양
한 수준의 구현 결과를 가진 IoT 분야의 구체적인 적용 사례들도
진단해볼 것이다. 이러한 사례들을 비교해보면 IoT 분야에서 실
제로 잘 작동하는(효과가 있었던) 것과, 작동되지 않는(효과가 별로
없었던) 것에 대한 보다 더 나은 지도를 만들어낼 수 있다. 우리는
바디미디어BodyMedia의 예를 이용해서 신체착용형 체형 관리 디
바이스(body-worn fitness devices)의 적용 사례를 논의하는 데
잠시 시간을 할애할 것이다.

제6장에서는 IoT 제품의 시장 진출과, 그것을 둘러싼 도전들
에 관한 주제를 탐구한다. 이 장의 대부분은 IoT 제품을 출시하
면서 처음 겪었던 구체적인 경험과, 그 과정에서 배운 교훈을 기
반으로 삼는다. 이 장의 핵심 부분은 마크 웰스가 어떻게 프로콘
Procon이라는 그의 회사를 맨주먹으로 창업해서 IoT 분야의 가장
크고 성공한 회사 중 하나로 만들었는가에 관한 이야기다.

마지막으로 제7장에서 우리는 전문가의 견해와 우리가 내린 결론을 기반으로 IoT 분야의 투자매력도와 기회를 분석한다. 이 장에서는 "만약 당신이 IoT 분야에 뛰어들려는 기업가, 개인투자자, 기관투자자 또는 기업의 관계자라면 과연 IoT의 어디에 투자하거나 해야 할 것인가?"라는 질문에 답을 할 것이다.

이 책을 쓰면서 우리는 수많은 업계 전문가들과 선구적 사상가들을 인터뷰했다. 엔페이즈nPhase와 퀄컴Qualcomm의 스티브 파졸, 퀄컴의 빌 데이비슨, AT&T의 글렌 루리, 하버리서치Harbor Research의 글렌 올멘딩거, 프로콘의 마크 웰스, 옴니링크Omnilink의 스티브 허드슨, 벨킨Belkin의 케빈 애시턴, MIT의 산제이 사르마 박사, MIT 센서블시티랩MIT's SENSEable City Lab의 아사프 비더맨, 바디미디어BodyMedia와 구글의 애스트로 텔러, 에코라이프ECOLIFE 재단의 빌 툰, SAP의 크리스천 부시, 에릭슨Ericsson의 로아니스 피코라스, 바디미디어의 엘비오 스티보릭, 액센추어Accenture의 존 엘리엇, MTSG의 존 메이저, 〈커넥티드월드〉지의 페기 스메들리, 베스트바이Best Buy와 주비Zubie의 아리 실키, 타오글라스Taoglas의 더멋 오셔, 스크립스 연구소(Scripps Research Institute)의 피터 쿤 박사, 브리티시컬럼비아 대학교의 파노스 나시오폴로스가 그들이다. 이들은 IoT 분야에 관한 매혹적인 경험담을 들려주었고, 우리는 그 이야기들을 잘 포착하고 잘 기술하기 위해 최선을 다했다.

우리는 이 책에 실린 이야기와 결론들이 여러분이 사물인터넷 분야와 그 잠재력을 더 잘 이해하는 데 도움이 되기를 희망한다. 누가 알겠는가? 어쩌면 여러분이 새 사업을 시작하기로, IoT 전문 기업이나 산업에 투자하기로, 새로운 프로젝트를 시작하기로 결심했을 수도 있고, 어쩌면 단순히 우리가 그랬듯이 이러한 신성장의 세계에 대해 흥분했을 수도 있다. 어찌 되었든, 독자 여러분이 행복하게 읽어주기를 바란다.

2013년 6월, 샌프란시스코에서
대니얼 켈머라이트와 대니얼 오보돕스키

차례

1장. 히스토리와 트렌드

미래는 벌써 여기 와있다. 단지 고르게 퍼지지 않았을 뿐이다.

_ 미국 소설가 윌리엄 깁슨

만약에 무엇인가가 점점 아주 거대하고 강력해져가고 있어서 우리의 생활과 비즈니스 방식까지도 바뀌게 하고 있다면, 그것을 어떻게 알아낼 수 있을까? 다음 이야기는 구글의 기술 담당 이사인 레이 커즈와일에 의해 유명해진 이야기다. 이 이야기는 기하급수적인 성장의 힘을 잘 묘사하고 있다.

아주 먼 옛날 중국에서 한 사내가 황제를 찾아왔다. 그는 자신이 발명한 장기판을 펼쳐 보였다. 그의 발명품에 크게 감명을 받은 황제는 그에게 상을 내리겠노라고 했다. 그 사내는 상으로 쌀을 달라고 했다. 그것은 장기판의 첫 번째 칸을 지날 때는 쌀 1톨, 두 번째 칸을 지날 때는 쌀 2톨, 세 번째 칸을 지날 때는 4톨, 이후 이어지는 각 칸마다 쌀을 앞 칸의 2배씩 늘려서 받게 해달라는 것이었다.

수학에 약했던 황제는 처음에는 하찮은 포상이라 생각했다. 그래서 신하들에게 그 사내가 바라는 대로 채워주라고 명했다. 장기판의 절반을 채울 무렵, 논 하나의 수확량 가까이 되는 40억 톨 이상을 그 사내가 가지게 되었다. 당연히 사내는 부자가 되었다. 64번째 칸에 이르렀을 때, 그 사내는 쌀 18경[1] 톨을 받게 되었다. 이는 온 땅의 모든 자산을 합한 것보다 더 큰 것이었다. 그러나 그 사내는 황제보다도 더 부유하고 똑똑하다는 이유로 결국 목이 날아가는 대가를 치러야 했다.

에릭 브리놀프손과 앤드류 맥아피는 그들의 최신 공저작인《기계와의 경쟁(Race Against the Machine)》[2]에서 이 장기판과 쌀알의

---

1 1경은 1조의 1,000배다. _옮긴이 주

2 Erik Brynjolfsson and Andrew McAfee, *Race Against the Machine: How the Digital Revolution Is Accelerating Innovation, Driving Productivity, and Irreversibly Transforming Employment and the Economy* (Lexington, MA: Digital Frontier Press, 2011), p.297.

우화를 예로 언급하면서 이렇게 강조했다.

"기하급수적 증가는 처음에는 선형으로 증가하는 것처럼 보이기는 하지만, 실제로는 그렇지 않다. 시간이 흐를수록, 마치 장기판의 뒷부분에 들어설 무렵이 되면, 그 증가의 양상은 비로소 우리의 직관과 기대를 여지없이 무너뜨릴 것이다."

결과적으로, 초기 단계에서 어떤 프로젝트나 신기술이 장차 기하급수적 성장을 경험하게 될지를 파악하기는 매우 어렵다. 다음에 나올 몇 개의 장을 읽으면 알겠지만, 사물인터넷의 부상 과정에서도 똑같은 일들이 벌어지게 되리란 것을 우리는 확신한다. 정말로 그렇게 된다면, 다음의 10년과 그 이후의 시간 동안 우리는 우리의 삶에 다가오는 새로운 디바이스들과 서비스들을 보면서 더욱 놀라워하는 데 그치지 않고, 우리의 일상생활과 비즈니스 방식의 극적인 변화까지 보게 될 것이다.

이 주제에 관해 논의하는 데 사용하기 위해 많은 용어들이 만들어졌다. 사물인터넷(Internet of Things), M2M(Machine-to-Machine communication), 유비쿼터스컴퓨팅ubiquitous computing, 임베디드컴퓨팅embedded computing, 퍼베이시브컴퓨팅pervasive computing, 스마트서비스smart services라는 용어들이 그것이다. 최근에는 제네럴일렉트릭General Electric이 산업인터넷(Industrial Internet)이라는 용어를 추가했다. 이름을 짓는 것 자체에서부터 어려움을 겪고 있다는 것은, 우리가 '아주 중요한 것'을 취급하고 있다는 뜻이기도 하다. 스페셜티 출판사(Specialty Publishing Co.,)의 대표이자 〈커넥티드월드Connected World〉라는 전문지의 편집장이고, '페기 스메들리 쇼'라는 팟캐스트의 진행자인 페기 스메들리는, "매번 우리가 이것을 뭔가 새로운 이름으로 부르려고 할 때마다, 사람들은 혼란스러워하면서 도대체 사물인터넷, M2M, 임베디드컴퓨팅, 클라우드가 뭐냐고 물었지요. 이런 현상을 충분히 설명할 수 있는 단일한 용어는 없는 것 같아요. 모두들 이 현상 중에서 그들에게 익숙한 부분만 보고는, 그에 맞춰 이름을 붙이지요"라고 말했다.

왜 이렇게 이름을 짓기 어려울까? 몇 가지 사례를 살펴보자.

센서로 산업용 기계를 원격 모니터링하면 생산라인의 가동 중단 같은 상황을 예방할 수 있다. 노키아는 자신들이 발행한 《M2M: 기계가 말하게 하세요(Machine-to-Machine: Let Your Machines Talk)》라는 백서에서 "아이스크림 자판기는 자판기 관리자에게 '초콜릿콘이 떨어졌어요'라고 말해주고 싶어한다. 그로써 관리자는 더 적절한 방문 스케줄을 짤 수 있다"[3]고 주장했다. 식물들은 물이나 양분이 필요하다고 알릴 수 있게 된다. 웨어러블 전자기기로 사람들이 체중을 관리하거나, 임산부와 산부인과 의사가 실시간으로 태아의 건강 상태를 진단할 수 있게 된다. 모

---

3 Nokia, *Machine-to-Machine: Let Your Machines Talk* (2004). http://www.m2mpremier.com/uploadFiles/m2m-white-paper-v4.pdf.

바일 개인 응급 구조 서비스(PERS, Mobile Personal Emergency Response Service)는 노인이나 알츠하이머 환자가 응급한 상황에 처했을 때 자동적으로 도우미에게 연결시켜준다.

스마트 전기계량기로는 소비자가 전기사용료를 절약할 수 있을 뿐만 아니라, 전기 회사가 전력망 부하를 최적화할 수 있게 해서 블랙아웃[4]을 예방할 수도 있다. RFID 태그는 상점의 선반에 놓인 옷들과 같은 우리 주위의 물건들과 대화할 수 있게 해준다. 어떤 옷이 재고가 남아있다거나, 무엇을 추가로 주문해야 할지를 우리가 알 수 있게 해주는 것이다.

커넥티드 카connected car는 타이어의 상태를 비롯하여 자동차의 성능을 진단할 수 있다. 자동차들끼리 서로 통신함으로써 혼잡한 교통 상황에서 더 나은 길로 안내한다. 운전습관연계보험제도(UBI, Usage-based car insurance systems)를 도입한 보험사들은 위험을 더 잘 관리할 수 있고, 모범적인 운전자에게는 보험료를 덜 부과할 수 있고, 운전자에게 즉각 피드백을 해줌으로써 운전 실력을 향상시킬 수 있어, 모두를 더욱 안전하게 만들어준다.

소형 추적 장비로는 길 잃은 아이나 애완동물을 찾을 수 있다. 사법기관에서는 은밀한 추적 장치로 도난당한 장물을 찾아낸다. 스마트한 화물 상자는 소중한 화물이 손상되지 않고 제시간에 배

---

4 blackout, 전력 과부하 등으로 인한 순환적 대규모 정전 사태다. _옮긴이 주

송되도록 지켜준다.

이것으로도 충분하지 않은가? 그렇다면 우리는 멸종위기 동물의 위치 추적, 일회용 문신만큼 작은 신체 센서, 통신형 콘택트렌즈, 무인자동차 등에 관해서도 얼마든지 이야기할 수 있다.

이러한 모든 것들은 IoT 기술 덕분에 가능해졌다. 그리고 이모든 사례들이 사물인터넷을 대표한다. AT&T의 신규 디바이스 사업부(EDO, Emerging Devices Organization)의 대표인 글렌 루리는, "어떤 장치든 그것이 네트워크에 연결되어있다면 스마트하다고 할 수 있습니다. 네트워크에 연결되지 않는 장치는 그것이 무엇이든 스마트하지 않지요. 앞으로는 모든 것이 스마트해질 겁니다"라고 말한다. 우리가 미처 알아차리지 못하고 있더라도, 기술은 우리 주변의 사물들을 더 똑똑하게 만들어가고 있다.

우리가 이 책의 제목을 '사일런트 인텔리전스'라고 지은 이유도 이 분야에서는 대부분의 활동과 성장이 눈에 띄지 않는 곳에서 벌어지고 있기 때문이기도 하다. 예를 들면, 전기계량기가 똑똑해지거나 네트워크에 연결되는 것에 과연 누가 신경이나 쓰겠는가? 하지만 이와 같은 진전이 우리의 생활에 가져다줄 가치와 함축적 의미는 어마어마하게 크다. 이것은 기술에 관한 이야기일 뿐만 아니라, 그 기술이 무엇을 할 수 있게 되는가에 관한 이야기다. 구글의 신규 프로젝트 담당 중역인 애스트로 텔러는 "제 주된 관심사는 고객들에게 전달되는 가치에 관한 겁니다. 보통은 그렇게 하는 데 기술이 필요하지요. 문제 해결을 위한 새롭고 환상적인 가치를 당신이 사람들에게 전달해주는 데 도움이 된다거나, 그들이 받을 수 있으리라고 한번도 기대해본 적이 없는 이익을 당신이 안겨주는 데 도움이 될 수 있는 만큼, 저는 기술을 사랑합니다"라고 말한다.

한마디로 말해서, 사물인터넷의 가장 큰 효용은 우리에게 우리를 둘러싼 아날로그적 세계(기계, 사람, 동식물, 사물)와 디지털 방식으로 대화할 수 있는 독특한 기회를 제공해준다는 것이다. 그 디지털 방식은 디지털 통신의 모든 장점들, 그러니까 빛의 속도, 데이터 증식 용이성, 타 디지털 시스템과의 통합 용이성 등을 모두 가지고 있다. 이 모든 것들은 무선통신과 결합되어있으며, 사물들이 원격지에서 선(Wire)에 구애 받지 않고 서로 교신할 수 있는 상황, 즉 머신텔레파시machine telepathy 효과를 만들어낸다.

구체적으로 말하자면, 매일의 의사 결정 때 추측에 의한 결정을 크게 줄일 수 있게 된다. 예를 들어, 보험사는 운전자의 운전 습관을 모니터링해서 인구통계학적 정보를 사용하는 경우보다 더 정확한 위험 평가 정보를 얻을 수 있다. 그리고 이를 통해 보험 등급을 제대로 매길 수 있게 된다. 또 다른 예로는 지능형 디지털 사이니지[5]를 들 수 있다. 이것은 사이니지를 바라보는 사람의 안

---

5 Digital Signage, 디지털 정보 디스플레이를 사용하는 옥외 광고판이다. _옮긴이 주

구의 움직임을 추적함으로써 사람들이 사이니지상의 어느 부분에 가장 많이 주목하는지를 알아낼 수 있게 해준다. 페기 스메들리는 "기계와 대화하는 기계는 우리에게 데이터를 넘겨줍니다. 곧 그 데이터는 우리가 바로 행동으로 옮길 수 있게 하는 정보로 전환되는 거지요"라고 말한다.

MIT의 센서블시티랩SENSEable City Lab의 부소장인 아사프 비더맨은 이렇게 말한다. "컴퓨터들이 무척 작아져서 사물 속으로 숨어드는 중입니다. 이제는 기계끼리(Machine-to-Machine)가 아니라 사물끼리(thing-to-thing)에 이르렀습니다. 그러니까 '기계'라는 표현은 부적절합니다. 서로서로 대화하는 사물들의 생태계가 만들어지고 있지요. 사람들도 그 한가운데에 들어있지요. 당신 주변에 어디에서든 입출력이 가능한 접점이 구비되어있다면, 당신이 당신 주변의 환경과 맺게 되는 관계가 극적으로 달라질 겁니다."

우리가 지금까지 이루어진 기술 진보를 되돌아본다면, 앞으로 일어날 일을 더 잘 이해할 수 있을 것이다. "사물인터넷과 M2M의 이와 같은 급속한 성장은 지난 수십 년간의 전반적인 컴퓨팅과 통신 기술의 진보 과정에서 필연적으로 흘러나온 것이다"라는 말은 사실이다.

애스트로 텔러는 이 점을 다음과 같이 묘사한다.

컴퓨터에 어떤 일이 일어났는지 들여다보면, 크고 투박한 컴퓨터의 시절이 상대적으로 꽤 오래 지속되었음을 알 수 있습니다. 스프레드시트, 워드프로세서와 같은 초창기 킬러 앱의 등장 전까지 사람들은 컴퓨터를 집에 둘 생각조차 하지 않았습니다. 스프레드시트나 워드프로세서는 사람들이 컴퓨터를 채택하기 시작하는 데에는 도움이 되었지만, 왜 사람들이 PC(개인용 컴퓨터)를 가지고 있는가를 설명해주지는 못하지요. 전화기도 같은 과정을 거쳤습니다. 초창기 도입을 야기한 킬러 앱은 음성 통신이었지요. 그렇지만 이젠 그 킬러 앱은 더 이상 사람들이 스마트폰을 가지게 하는 주된 계기가 되지 못합니다. 물론 그런 계기가 없었더라면 아이팟터치나 아이패드도 이렇게 대중적이 되지 못했겠지만요. 이 두 사례에서 앱의 폭발성을 볼 수 있지요. (이러한 디바이스들에의 설치 기반을 활용해서) 당신이 할 수 있게 된 또 다른 것들이 결국 그 가치를 지배하는 이유임이 밝혀질 겁니다. 그렇지만, PC나 휴대폰이 막 보급되던 때에는 우리가 그러한 논의를 펼칠 수 없었지요.

'통신형 웨어러블 디바이스(wearable connected devices)'가 아주 똑같은 과정을 거칠 것이라고 믿습니다. 현재의 킬러앱은 체중·체형 관리 응용프로그램이지요. 그렇지만 그것은 사람들이 신체용 전자 기기들을 가지고자 하는 이유가 되지 못합니다. 말 그대로 수만 개의 응용프로그램들이 생길 테고,

그중 일부는 아주 의도적이거나 명쾌한 것들이겠지요.

우리는 다음에 나올 몇 개의 장에서 통신형 웨어러블 디바이스의 사례를 살펴볼 예정이다.

네트워크의 확산에 관해 비슷한 관찰을 한 아사프 비더맨도 이렇게 말했다.

웹의 초기에 대해 조금 더 면밀히 생각해봅시다. 아주 초기, 개념이 정립되고 시험되던 시절에 우리가 '구축기(installation era)'라고 불렀던 시기가 있었습니다. 데이터 웨어하우스Data warehouse들이 구축되었고, 스위칭 장비들이 도입되었습니다. 이러한 일은 대부분 정부나 장기적 전망을 지닌 기업의 투자로 이뤄졌습니다. 그리고 마침내 기반 시설이 임계량(critical mass)에 도달했지요. 상향식 성장(bottom-up growth)을 가능하게 할 만큼 충분히 강한 골격이 갖추어졌고, 그러한 상향식 성장이 정말로 큰 가치를 만들어냈습니다. 웹이 시작되던 무렵에, 10년 혹은 그 후에 가장 크게 떠오를 것이 구글일 줄을 누군들 알았겠습니까? 어디서도 나오지 않았지요. 제 생각에는 지금까지의 상향식 전개가 웹을 위한 가장 큰 가치를 제공했다고 봅니다.

1990년대에 인터넷은 PC와 기업용 시스템을 연결하는 표준이 되었다. 아울러 개인과 기업(특히 주문 처리)의 생산성을 극적으로 향상시켰고, 전자상거래를 촉진시켰다. 한편에서는 셀룰러 방식의 이동전화망(cellular network)이 구축되고 있었다. 개인 통신에 대한 소비자의 갈망이 휴대폰의 급격한 채택을 불러왔고, 그와 더불어 모바일 분야에서 소형화, 전력 효율화, 센서 집적화, 안테나 고성능화 등 다양한 혁신이 일어났다. 마침내, 21세기에 PC와 휴대폰이 결합되어 스마트폰이 탄생하면서 모든 시대를 통틀어 가장 성공적인 플랫폼 중 하나가 되었다. 이제 우리는, 이러한 이동성mobility과 컴퓨팅computing 기술이 개인 체형 관리, 자동차, 홈 엔터테인먼트, 헬스케어 같은 분야의 보다 작고 보다 다양한 디바이스들 속에 스며들고 있는, 즉 차세대 진화의 단계를 목격하고 있다.

이러한 기술 진보를 주도해온 핵심 트렌드는 다음과 같다.

- 소형화(Miniaturization) – 무어의 법칙[6]과 전력 관리 기술 향상에 힘입어 전자 기기들이 점점 더 작아지고, 점점 더 강력해지고 있다.
- 가격 적정화(Affordability) – 역시 넓은 의미에서 무어의 법

---

6 Moore's Law. 매 2년마다 집적회로에 들어가는 트랜지스터의 수가 거의 2배가 된다는 관측이다. (출처: http://en.wikipedia.org/wiki/Moore%27s_law)

칙에 의해, 전자 부품과 통신망 비용이 지속적으로 인하되고 있다.

- 탈 유선화(De-wireization) – 점점 더 많은 사물이 무선 방식으로 연결되어 어디에서든 존재할 수 있게 되고 있다. 이동통신망과 WiFi망의 높은 편재성遍在性(ubiquity)이 이 트렌드를 주도하고 있다. 무선 전력(wireless power)과 전력 관리 기술이 진보되면 마침내 최후의 유선인 전원선도 사라질 것이다.

일반적으로, 일단 필수 전제조건이 자리를 잡으면, 후속하는 기술 수용(technology adoption)이 극단적으로 빨리 이루어진다. 이에 대한 좋은 사례는 스마트폰의 급속한 확산이다. 3G 이동통신망을 구축하고, 안정성을 확보하고, 어플리케이션 생태계가 형성되는 데 오랜 시간이 걸렸다. 하지만 일단 애플이 2007년에 아이폰을 출시하고, 바로 직후에 안드로이드가 뒤따르자 스마트폰은 불과 3년 안에 시장을 평정했다.

우리는 이렇듯 스마트폰이 시장을 평정한 경우와 매우 비슷한 어떤 일이 IoT 세계에서도 막 일어나려 한다고 생각한다. 기술 수용 과정에서 중요한 부분은 인지도다. 페기 스메들리에 따르면 이렇다.

이렇듯 훌륭한 생각들 모두가 기술이 인간에게 무엇을 해줄 수 있는가를 우리가 이해하는 데 도움이 되었지요. 로버트 멧칼프나 스티브 잡스처럼 위대한 비전을 지닌 사람들처럼 말입니다. 기술이 할 수 있는 일과 기술의 이면에 있는 데이터가 할 수 있는 일을 우리가 이해하는 데 그것들이 정말로 도움이 되었고요. 미래를 전망하려면 먼저 과거를 돌아봐야 합니다.

제2장에서는 IoT 기술의 생태계와 그 도전 과제들에 관해 더 이야기를 나눌 것이다. 하지만 지금은 사물인터넷의 역사를 들여다보자.

"어떤 일이 벌어지고 있어요. 그러니까 사물들이 다른 사물들과 대화하기 시작한 겁니다. 당신 주위의 모든 곳에서 그런 현상을 보게 될 겁니다. 모토롤라에서, 우리가 그것을 현실로 만들고 있으니까요."[7] 요즘 같은 때에 적절해 보이는 이 문구는 10여 년 전에 모토롤라의 광고에 쓰였다. 그러한 전망이 적절하기는 했지만, 당시에는 시대를 앞선 것이었다. 그렇다면 IoT는 실제로 언제쯤 시작되었을까?

퀄컴의 부사장 겸 상주기업인(EIR, entrepreneur in residence)이고, 엔페이즈의 설립자이자 전직 CEO이며, M2M의 선구자, 주도

---

7 Motorola, *Aspira Intelligence Everywhere* (1999).

적 사상가인 스티브 파졸은 이렇게 말한다.

> 텔레메트리[8]가 그렇지요. 그건 이미 달에 사람이 착륙했을 때
> 부터 시작된 것이지요. 안 그래요? 다양한 장치와 자산에 부
> 착된 센서들도 그래요. 30~40년이나 되는 오랜 시간 동안 이
> 런 일들은 이루어져왔어요. 원자력 발전소를 예로 들까요. 아
> 마 거기에는 감시를 위한 센서들이 있을 겁니다. 무선 설비가
> 아닐 수도 있고, 누군가가 독점하고 있을 수도 있겠지만 말입
> 니다.

1991년에 제록스의 팔로 알토 연구소(PARC)의 수석 기술자였
던 마크 와이저는 유비쿼터스 컴퓨팅 관련 기고를 했다. 그 기고
문은 다음과 같은 문장들로 시작된다. "가장 심오한 기술은 결국
사라질 기술이다. 그러한 기술은 그 자체를 더 이상 구분해낼 수
없을 정도로 일상 생활이라는 옷감 속에 짜여 넣어진다."[9] 그 기고
문은 이후 많은 후속 전망들의 기반이 되었고, 결과적으로 RFID,
스마트폰, IoT 솔루션이 개발되게 했다.

논란의 여지는 있으나 이 분야에 대한 대부분의 분석 연구를

---

8 telemetry, 원격 측정. 먼 곳에 있는 기기/장치의 특정한 측정값을 유무선 통신을 통해 전송하
는 기술 또는 솔루션이다. _옮긴이 주

9 Mark Weiser, "The Computer for the 21st Century," *Scientific American, Special
Issue: Communications, Computers, and Networks*, September 1991.

해냈다고 할 수 있는 하버 연구소(Harbor Research)의 설립자이자 대표인 글렌 올멘딩거는 1990년대 후반부터 이 주제에 관한 연구를 시작했다. 그는 이렇게 말한다.

[록웰 오토메이션Rockwell Automation의 이사회 의장이었던] 돈 데이비스는 당시 '임베디드 인터넷'[10]이라 불렸던 분야에 대한 근원적인 조사를 우리에게 의뢰했습니다. 1998년 8월에 저는 광역통신망(wide-area network)상에서의 물리적 장치 감시와 거기에 존재하는 기회들에 관한 회의에 참석했고요. 월요일에 회사로 돌아와서 내가 던졌던 농담은 "이 주제는 너무 복잡해서 우리가 죽기 전까지 이거 말고는 다른 어떤 것도 생각해내지 못할 것 같아"였지요.

그리고 나서 대략 1년 뒤, 당시의 하니웰Honeywell의 CEO가 헬스케어, 유통·공급, 제조 산업 등과 같은 5~6가지 경제 분야에 걸쳐진 자산 관리(asset management)에 대해 검토하는 대규모 프로젝트를 후원하기로 했습니다. 너무나 많은 생각이 제 머릿속을 돌았지요. 나는 그때 우리가 어쩐지 아주 거대한 것

---

10 embedded Internet, 디지털 비디오 녹화기(DVR), 네트워크 카메라, 셋톱 박스, 원격 제어 등 자원이 제한적인 임베디드 시스템에서 인터넷 통신 기능을 수행하는 것이다. (출처: TTA IT용어사전) _옮긴이 주

에 올라탔다는 것을 깨달았고요.

그 무렵에 벨킨Belkin의 총괄관리자이자 MIT 오토-ID 센터의 공동 설립자인 케빈 애시턴이 '사물인터넷(Internet of Things)'이라는 용어를 만들었다. 1990년대 후반에 프록터앤갬블Procter&Gamble의 브랜드 관리자였던 케빈은, 공급망 내에서 제품을 추적하는 문제에 치이고 있었다. 케빈은 공급망을 따라 흐르는 모든 사물이 인터넷에 연결되어 현재 위치와 상태를 보고하게 하는 시대를 전망하기에 이르렀다. 그의 전망에 따르면, 질레트 면도기나 팬틴 샴푸와 같은 사물들의 정보가 인터넷상에 저장되고, 사물에 부착된 스마트태그가 이러한 정보를 가리키게 될 것이었다. 1998년 P&G의 이사회에서 발표할 때, 케빈은 이러한 전망을 '사물인터넷'이라고 불렀다. 어떻게 보면, 결국 일어날 일이 일어난 것이다. 케빈의 전망과 그가 '문법에 맞지 않는 용어'라고 불렀던 그 용어가 크게 인기를 끌면서 마치 밈[11]처럼 널리 퍼졌다.

P&G와 질레트를 비롯한 몇몇 글로벌 소비재 제조사의 투자를 받은 케빈은, 1999년 4월에 산제이 사르마 박사 등 몇 명과 함께 MIT 오토-ID 센터(지금의 MIT 오토-ID 연구소)를 설립했다. 오토-ID 센터의 주 활동은 글로벌 RFID 기반 식별 체계인

---

11 meme, 유전자처럼 모방을 통해 복제·전파되는 문화의 요소를 의미한다. 영국 생물학자 리처드 도킨스의 책 《이기적 유전자》에서 등장했다. _옮긴이 주

EPC(Electronic Product Code)를 개발하는 것이었다.

산제이 사르마는 자동 식별(Auto-ID)에 관한 전망을 이렇게 설명한다.

> 동료인 데이비드 브룩은 다음과 같은 흥미로운 의견을 냈습니다. 당신의 집에 '로지 더 로봇'[12]이 있다고 합시다. 당신이 로지한테 "커피 한 잔 다오"라고 말했다고 상상해보세요. 그러면 로지는 부엌으로 가서, 커피잔을 찾아내고, 집어 올리고, 당신에게 가져다줄 겁니다. 데이비드의 의견은 "로봇이 왜 그 '잔'한테 내게로 직접 가라고 대놓고 요구하지 않는 거지?"라는 것이었습니다. 모든 사물은 사람이 만든 겁니다. 커피잔의 무게가 얼마나 되는지, 어떤 모양인지, 커피잔에 이르는 최적의 경로가 무엇인지 등을 커피잔 스스로가 알고 있다고 생각해봅시다. 그러면 저는 이 모든 정보를 다시 만들어내는 대신에 그저 명령하기만 하면 됩니다. 저는 그것이 정말로 멋진 통찰이라고 생각했습니다.

케빈 애시턴이 이어서 말한다.

---

12 Rosie the robot, 1960년대 미국 TV 애니메이션 〈젯슨 가족(The Jetsons)〉에 등장한 인간형 가사돌보미 로봇이다. _옮긴이 주

그 당시에 바코드 기술이 자동 데이터 획득 기술에 준하는 것으로 간주되기는 했지만, 자동화가 이루어진 것은 전혀 아니었습니다. 바코드는 인간을 편리하게 하기 위한 데이터 획득 기술인 반면에, RFID는 컴퓨터용 데이터 획득 기술입니다. 그러니까 RFID는 현실 세계를 개간해 내는 방법론인 셈이지요.

사물들이 무선으로 연결되면서, 산제이 사르마는 RFID도 확산될 것이라 믿고 있다. 그는 RFID 리더기가 앞으로는 유비쿼터스하게 존재할 것이라고 본다.

사물인터넷의 아무도 막지 못할 진보는 2001년도의 경기 침체 때에만 일시적으로 주춤했을 뿐이다. 이마저도 2002년초부터 사실상 회복되기 시작했다.

2004년에 노키아는 《M2M: 기계가 말하게 하세요》에서 이렇게 지적했다.

이제 사람들뿐만 아니라 우리를 둘러싼 기계들도 원격 통신과 인터넷 기술을 사용해 소통한다. 이것을 머신-투-머신(M2M, machine-to-machine) 통신이라고 부른다. 가전 기기부터 산업용 기계에 이르기까지 세계에 퍼져있는 수십억 대의 기계가 지닌 잠재성은 대단히 크다.

전해오는 이야기에 따르면, M2M이라는 명칭은 그 당시에 인기를 얻던 노르웨이 2인조 걸그룹의 이름이었다. 그런데 그 걸그룹의 팬이던 노키아의 임원이 그 이름을 차용했다고 한다. 거의 같은 시기인 2003년에 페기 스메들리는 M2M 전문지를 발행하기 시작했다. 이 전문지의 이름이 2009년에는 〈커넥티드월드〉로 바뀌었다. 페기는 M2M이라는 용어에 대해 "산업계 사람들이 모든 사례와 관련 기술을 M2M이라고 부르기 시작하면서 M2M은 재미있는 용어가 되었죠"라고 말한다.[13]

다시 글렌 올멘딩거가 말한다.

> 우리는 '머신-투-머신'이라는 용어를 전혀 좋아하지 않았어요. 기술자와 이야기할 때는 의미가 잘 전달되었지만, 기계 제조나 장비 업계 사람들에게 이야기하면, '기이한 기술에만 푹 빠져있는 괴짜'라고 여기더군요.

바로 그 시절에 스티브 파졸이 IoT의 성장에 상당한 영향을 줄 엔페이즈를 설립했다. 이후 엔페이즈는 처음에는 퀄컴에, 그 다음에는 버라이존에 인수되었다. 엔페이즈가 추구한 첫 번째 IoT

13　M2M이라는 용어는 일반적으로 전 세계 이동통신사들을 중심으로 '이동통신망을 연결의 수단으로 활용해서 사물을 감시·제어하는 솔루션'의 명칭으로 사용되어왔다. 우리나라의 경우 2003년 말부터 SK텔레콤 등에서 M2M이라는 용어를 쓰기 시작했다. _옮긴이 주

어플리케이션 중 하나는 공항 주위에 있는 휴대폰 기지국 타워의 깜박이는 항공등을 모니터링하는 것이었다. 스티브에 따르면 이랬다. "누구든 기지국으로 돌진하는 비행기를 타고 싶어하지 않을 겁니다. 그러니까 항공등을 감시해야 하죠. 그것이 시장을 이끌었지요."

2003년에 〈월스트리트저널〉과 〈뉴욕타임스〉에 몇 편의 글을 기고하던 글렌 올멘딩거에게 〈하버드비즈니스리뷰〉 측이 "그 주제에 관한 책을 출판할 의향이 있습니다"라고 했다. 그러면서 "너무 기술적인 용어를 사용하지 않기를 바랍니다"라고 말했다. 그 덕분에 1년 후 '스마트서비스smart services'라는 용어가 태어났다. 그 기고는 '스마트서비스 시대에 필요한 4가지 전략(Four Strategies for the Age of Smart Services)'이라는 제호로 2005년에 하버드비즈니스리뷰에서 출판되었다.[14]

그 기고는 이 주제와 관련된 많은 관심을 유발했다. 특히 산업 기기를 연결할 방법을 이해하려고 애쓰던 대규모 OEM 제조사들의 특별한 관심을 끌었다. 그 당시에 제조사들은 모두 자신들이 맺은 서비스 공급 계약에 따른 과정을 자동화하기를 진심으로 바라고 있었다. 원격 서비스보다 더 큰 잠재성이 있는 분야가 존재하는 게 명백했기 때문이다.

---

14 Glen Allmendinger and Ralph Lombreglia, "Four Strategies for the Age of Smart Services," *Harvard Business Review*, October 2005.

그 뒤 2000년대 후반에 사물들이 더욱 흥미로워졌다. 처음에는 이동통신사 쪽으로 패러다임의 천이가 시작되었다. 선진국에서 전통적인 휴대폰 가입자 수가 포화 상태에 이르자, 통신사들이 새로운 수입원을 찾기 시작한 것이다. 이에 따라 기계를 통신망에 연결하는 일이 의미가 있어졌다.

통신사들은 그 전까지 오래도록 사용자당 평균 수입(ARPU, average revenue per user)에만 관심을 기울였을 뿐, 수익성이 낮은 '연결(connection) 시장'에는 관심을 기울이지 않았다. 그러나 2007년 여름에 우리는 일본 이동통신사업자인 KDDI와 흥미로운 모임을 가졌다. 미국과 유럽의 통신사들이 여전히 ARPU가 줄어드는 것을 우려하고 있을 때, KDDI는 자신들의 이미 구축된 통신망을 매몰비용으로 간주하고, 통신망에 더 많은 노드[15]를 증설할 것을 고려하고 있었다. 이미 IoT와 관련된 가입 유치[16] 및 전환 유치[17] 비용이 고객 유치와 관련한 비용의 일부분이 되었기 때문에, 비록 초기에는 최소한의 수익만 가져다주더라도 말이다. 지난 5년 간 이러한 생각이 미국과 유럽의 이동통신사(carrier)에까지 확산되었다. 2011년에 미국의 이동통신사들은 처음으로 영업 사원들에게 IoT 연결회선에 대한 구체적 판매 목표를 할당하기에

---

15 node, 통신망에 접속할 수 있는 접속·분기 장치다. _옮긴이 주

16 acquisition, 기존 비사용자를 신규 가입자로 유치하는 것이다. _옮긴이 주

17 churn, 기존 경쟁사의 가입자를 자사의 가입자로 전환시키는 것이다. _옮긴이 주

이르렀다. 그와 같은 목표 할당 정책으로 인해 IoT 도입을 상당 수준으로 끌어올릴 수 있었다.

빌 데이비슨은 이렇게 말했다.

"통신사업자가 할당받은 주파수 대역 안에서 대도시들의 통신 수용 용량과 싸우고 있을 때는 말입니다. 산더미처럼 많은 기계들을 통신망에 엮는다는 생각은 그다지 인기가 없었어요. 이후에, 내 생각이지만, 3G와 LTE의 광대역 통신망이 넓게 구축되고, 통신 혼잡 지역에는 통신 트래픽의 부하를 분산시키기 위한 핫스팟hotspot이 구축되었지요. 그것이 통신사들이 IoT에서의 성장 잠재력에 주의를 기울일 정도로 '안심할 만한 수준'을 제공해주었다고 봅니다."

2007년에 아마존에서 킨들Kindle을 내놓고, 같은 해에 아이폰이 발매되면서, 많은 사람들은 무엇이 가능한가에 대해 광범위하게 인식하게 되었다. 특히 킨들은 통신 보조금의 위력을 명백히 보여준다. 페기 스메들리는 이렇게 말한다.

"AT&T는 킨들로 할 수 있는 일을 보고 정말 흥분했어요."

글렌 올멘딩거가 말을 보탠다.

"물론, 다양한 측면에서, 스마트폰이 등장하면서 이미 가능했던 무척 많은 일들이 무척 많은 사람들의 눈에 더 많이 보이게 된 겁니다. 그러한 전반적인 연결 현상이 더욱 명확해진 거지요."

스티브 파졸도 동의한다.

"아마존의 킨들은 말이지요, 등장했을 때부터 사람들이 '이봐요, 나는 통신형 제품 출시로 내 비즈니스 모델을 정말 말 그대로 바꿀 수 있을 것 같아요'라고 말하게 만드는 적용 사례였다고 생각합니다. 나에게는 그것이 가장 탄탄한 사업이었고요. 사람들이 실제로 킨들을 받아 들고는 '오호, 내 사업을 킨들화(Kindle-ize)하고 싶어요'라고 할 정도였지요."

사물인터넷의 인지도는 지난 수년간 발행된 다양한 연구와 기고를 통해서 집중 조명을 받은 덕에 계속 높아지고 있다. 2011년에 에릭슨에서 발간한 백서에는 '500억 개가 넘는 커넥티드 디바이스'라고 소개되었고,[18] 〈맥킨지쿼털리McKinsey Quarterly〉지에 근무하는 브라이언 아서는 '제2의 경제(The Second Economy)'라고 표현했다.[19] 2012년에 SAP가 후원하던 이코노미스트 인텔리전스 유닛에서는 '기계의 봉기(Rise of the Machines)'라고 표현했고,[20] 제너럴일렉트릭이 발간한 백서에는 '산업인터넷(Industrial Internet)'이라고 표현되었다.[21] 이조차 몇 가지 사례에 불과하다.

18 Ericsson, *More Than 50 Billion Connected Devices* (February 2011). http://www.ericsson.com/res/docs/whitepapers/wp-50-billions.pdf

19 W. Brian Arthur, "The second economy," *McKinsey Quarterly*, October 2011. http://www.mckinsey.com/insights/strategy/the_second_economy

20 The Economist Intelligence Unit Limited, *Rise of the machines. Moving from hype to reality in the burgeoning market for machine-to-machine communication* (2012). http://digitalresearch.eiu.com/m2m/.

21 Peter C. Evans and Marco Annunziata, *Industrial Internet: Pushing the Boundaries of Minds and Machines*, General Electric (November 26, 2012). http://www.ge.com/docs/chapters/Industrial_Internet.pdf

사물인터넷에 관한 언론 보도와 토론 활동들은, 사물인터넷이 그저 과장된 광고가 아닐 뿐만 아니라, 우리가 중요한 전환점에 서있다는 것을 알려주는 명확한 신호다. 빌 데이비슨은 컴퓨팅 처리 기능이 더 많은 사물에 내장될수록, 사람들의 상상력을 '실시간적으로 추출 가능한 정보의 형태들'로 이끌게 될 것이라고 예측했다.

지금까지 원격 자산 감시와 같은 시장들은 '틈새시장'에 불과했다. 그렇지만 인지도의 증가, 통신망과 장비의 가용성 증대, 전자 기기와 통신비의 하락 같은 요인들이 세상을 거대한 경제 활동으로 이끌어가고 있다. 빌 데이비슨은 초창기에 있었던 비용 문제를 다시 거론했다.

돌이켜보면 그 당시의 문제는 하드웨어 비용이었습니다. 잘 팔리게 하는 데 필요한 가격 수준까지 내릴 만큼 충분히 효율적이지 않았던 거지요. 그 당시를 돌이켜보면, 우리가 처음 했던 대량 주문은 무선통신 모듈이었던 것으로 기억합니다. 내 생각에 내가 1,500개를 주문했는데, 그런 이유로 모듈 당 1,400달러 대신에 모듈 당 900달러의 가격으로 구매했던 것 같습니다.

오늘날에는 이동통신 무선모듈의 가격이 개당 20달러 미만인

데다, 가격이 계속 떨어지고 있다. 스피브 파졸은 이렇게 말한다.

> 통신망이 세상 어디든 존재하고, 정보 처리 비용도 더욱 싸지자, 무선통신 표준이 자리를 잡았죠. 그러자 대규모의 사물들을 무선으로 수용할 수 있는 능력이 갑작스레 생겼고요. 그중 대부분이 인터넷과 이동전화 및 무선통신 진영에서 이전에 시행했던 투자와 인프라에 올라탄 셈입니다.

이에 대해 수치로 얘기해볼 수 있다. AT&T의 글렌 루리는 이미 IoT 사용자의 극적인 성장세를 지켜보고 있다.

> 우리는 그걸 믿고 있어요. AT&T의 관점에서 말하자면, 현재 1600만 명이나 되는 가입자가 우리에게 통신비를 지불하고 있으니까요. 우리는 지난 3년간 진행된 괄목할 만한 성장을 관찰하고 있습니다. 저는 여전히 우리가 그 초기 단계를 보고 있을 뿐이라고 생각합니다. 그러니까 우리는 지금 지난 2년간 우리가 투여한 노력의 결실을 보고 있는 셈이지요.

> 지난 2년간의 가장 큰 변화는, 아주 아주 거대한 '기업 대상 영업 조직(enterprise sales forces)'을 가진 이동통신사들이 IoT 마케팅을 시작하기로 결정했다는 것입니다. 미국 내

5,000~8,000명이나 되는 B2B(business-to-business, 기업 간 거래) 영업 인력들이 IoT에 관해 이야기를 하면서 성장에 필요한 인지도를 고양시켰습니다.

통신사업자의 고객으로부터 나온 결과적 활동도 매우 고무적이다. 글렌 루리는 다음과 같이 지적한다.

개인소비자나 중소기업 또는 대기업 사업자들을 살펴본다면, 그들의 기대가 변화되었음을 알 수 있을 겁니다. 스마트폰과 아이폰, 그 밖의 모든 것들의 성장과 관련하여 그들이 기대하는 것은, 이러한 장치들 모두에 언제 어디서든 접속할 수 있고, 내가 사용하고자 할 때 언제 어떤 방법으로든 사용할 수 있는 것입니다. 그리고 고객들은 이제 그런 것들을 요구하고 있지요. 우리는 그들로부터 피드백을 받으려 합니다.

이러한 사물들의 무선화를 가능하게 하는 통신 모듈의 가격이 내렸기에 우리의 앞길은 전도유망합니다. 이것을 통신망이 지원하고, 모든 경제 주체가 제휴하게 되면서, 이러한 디바이스들을 연결시키는 것이 의미를 지니게 되었지요.

글렌 올멘딩거의 견해는 이러하다.

당신이 설비 분야의 문화를 예로 들고서 지난 2년을 살펴본다고 해봅시다. 지금 우리 고객은 두바이에 있지요. 그 고객은 6만 개나 되는 응급 구난 장비를 각각 모니터링하는 6만 개의 빌딩을 가지고 있습니다. 각 빌딩의 외부로 나가는 연결망은 현재 이동전화망으로 이루어져있어요. 3~4년 전만 하더라도 당신이 전형적인 기술자나 건축 회사로 가서 건물 내 통신을 이동통신 방식으로 하겠다고 말했다면, 그들은 당신을 비웃었을 겁니다. 그런데 이러한 사물들이 이제 막 서로서로의 속으로 들어가기 시작했어요. 그러니까 당신이 IT 방화벽 안으로 들어가서 시스템을 구조화해야 하는 문화적 장애물과 싸우는 대신, 설비에 이동통신 디바이스를 달아 그 'IT 감옥'의 밖으로 신호를 보낼 수 있는 거지요. 공통 연결 기술(common connectivity Technologies)이라는 관점에서 이러한 모든 사물들이 서로 연동된다면, 그러한 문화를 단절시키고 있는 전통적인 장벽이 마침내 부서질 겁니다.

브로드컴Broadcom의 존 메이저는 증가 추세에 있는 '사용의 단순성(simplicity of use)'에 대해 다음과 같은 의견들을 냈다.

(사물인터넷이) 가격도 저렴해졌고, 잘 돌아가기 시작했어요. 전에는 간단한 것도 해내는 게 악몽처럼 어려웠지만요. 초기

의 HP 무선 프린터를 생각해봅시다. 프린터 하나를 연결시키는 데 하루는 족히 걸렸잖았요. 이제는 사물인터넷이 마침내 작동되고 있습니다. 물론 일부분이겠지요. 하지만 좀처럼 만나기 어려운 호기가 다가오고 있지요.

물론, 아직도 IoT 제품을 시장에 출시하는 과정에는 다양한 도전들이 여전히 남아있다. 그리고 우리는 제6장에서 이에 대해 더욱 자세히 검토할 것이다. 그렇지만, 우리가 보기에, 사물인터넷 주변에 가속도가 붙고 있는 것은 확실하다.

그렇다면 우리는 우리 주변의 기계들이 우리 삶을 더 통제하도록 내버려둘까? 산제이 사르마는 그러한 점에 대해 다음과 같이 주장한다.

제 생각에는 천천히 그리고 자연스럽게 이런 일이 일어날 것 같습니다. 바로 우리가 '점점 더 많은 사물들이 자동화되는 상황'에 굴복하는 일 말이지요. 우리가 그 자동화의 가치를 알게 되면, 그것에 곧 익숙해질 겁니다. 모든 것이 걱정스럽기는 한데, 저는 오히려, 예를 들어 우리 집 전등도, 사무실 전등도 지난 10년간 움직임에 반응해왔다는 사실을 깨달았습니다. 저는 그와 같은 사물에 불을 켜라 꺼라 하지도 않고, 그런 걸 걱정하지도 않았습니다. 그러니까 제 말의 핵심은, 어쨌든 그런 일이 일어날 것이라고 제가 생각하고 있다는 것이겠지요. 환경을 당신 주변에 순응시킨다는 개념은 마치 클라우드 시스템을 더욱 살아있는 사물처럼 만들겠다는 것처럼 느껴집니다. 거기에는 무시무시한 날 끝이 서있기는 하지만, 우리는 거기에 익숙해질 거라고 생각합니다.

사물인터넷은 단정하고 매력적인 모습을 갖춰가고 있다. 거리를 오가는 사람들도 무엇인가와 관계를 가질 수 있게 된다. 최근에는, 많은 사람들이 IoT를 특별히 거대하거나 주목할 만한 것이 아닌, 그저 '저 밖에 있는 뭔가' 정도로 취급하고 있다. 직접 관련된 이해관계자를 제외하고 산업용 기계나 기지국이나 항공등을 감시하는 일에 과연 누가 정말로 신경을 쓰겠는가? 그렇지만, IoT는 이미 헬스케어를 증진시키고 있고(예를 들면 당뇨병 환자의 당수치를 자동으로 모니터링하면서 제때에 인슐린주사를 투여한다든지, 체중을 줄이도록 돕는다), 사람들이 집과 가족을 더 잘 보살필 수 있도록, 그러니까 물과 전기 소비를 줄이게 하거나, 잘못된 운전 습관을 줄이도록 돕고 있다.

또한 기업들은 '구매자들이 그 제품을 어떻게 사용했는가에 관한 기록을 담은 데이터(usage data)'에서 캐낼 수 있는 새로운 가치를 이해하기 시작했다. 예를 들어 전기 공구를 생산하는 회사는 구매자가 해당 제품을 사용하는 방법을 알아낸다면 결과적으로 더 나은 제품을 개발할 수 있으니, 이익을 극적으로 늘릴 수 있다.

글렌 올멘딩거는 이렇게 말한다.

자산에 관한 정보를 아는 것만으로도 얼마나 많은 가치를 확보할 수 있는지를 일단 알아차린 사람들은, 얼마나 많은 돈을 벌 수 있는지도 깨달았습니다. 그러나 소비자가 인지하는 것은 스마트폰에 관한 것 정도죠. B2B/기업에서는 대규모 자산관리에 관한 것 정도가 고작이고요.

저는 마침내 이 두 세계가 만났으며, 모두들 "아, 이걸로 많은 일을 할 수 있겠어요"라는 식으로 말했으리라고 봅니다. 스마트그리드smart grid나 헬스케어와 같은 이야기 속으로 점점 더 스며들수록, 이 주제는 점점 더 상황에 근거를 두게 됩니다. 그러한 데이터로 무엇을 할 수 있을지 알아내려는 노력이, '손에 잡히는 이득(tangible advantages)'을 정말로 가져다주리라고 사람들이 상상해볼 수 있는 그런 상황으로 말이지요.

일단 스마트폰이 출현하자, 주변을 배회하던 이렇게나 많은 자산 관련 장치에 관한 이야기들이 소비자나 사용자 가치에 더욱 가까워졌고, 너무도 갑작스럽게, 모두들 '위치 기반 서비스(location based service)'에서 파생된 많은 사물들이 도로 위에 존재한다는 사실도 깨닫게 되었지요. 자산 관련 정보, 실시간으로 반응하는 사물, 본질적으로는, '상태에 기반을 둔 (state-based)' 사물들을 말입니다.

페기 스메들리가 말을 보탰다.

"우리는 이제 막 IoT의 능력을 알아채기 시작했을 뿐입니다. 기술의 공급자들은 이것으로 무엇을 할 수 있을지 이제 막 깨닫기 시작하고 있고요. 그것이 사물인터넷을 이토록 매력적이고 가슴 설레게 하는 것으로 만들고 있습니다."

우리는 이 장을 시작하면서, 기하급수적 성장과 그런 성장을 경험하게 될 시장을 예측하는 것이 어렵다는 것을 장기판을 예로 들어 얘기했었다. 그렇지만 현실 세계에서는 그 장기판에 끝이 없을 것이고, 우리가 그 장기판의 중심에 얼마나 다가갔는지도 알 수 없을 것이다. 〈맥킨지쿼털리〉지에 기고한 '제2의 경제(The Second Economy)'라는 글에서 브라이언 아서는 이렇게 주장한다.

"사물인터넷 분야에는 상한선도 없고, 끝나는 곳도 없습니다. (사물인터넷이) 영향을 미칠 범위를 쉽게 과소평가해버릴 수도 있어요."[22]

사물인터넷이 도달할 특정한 수치들에 관해 확신에 찬 예측들

---

22 W. Brian Arthur, "The Second Economy," *McKinsey Quarterly* (2011), p.6.

도 많이 있었다. 에릭슨은 "2020년에는 연결된 디바이스(Con-nected Device)의 수가 500억 개 이상에 달할 것"이라고 예측했다. 제네럴일렉트릭은 "2025년까지는 82조 달러 정도의 산출 규모가 적절하다. 이는 대략 세계 경제의 절반 정도에 해당한다고 볼 수 있다"고 했다.[23] 이러한 수치들이 과대하다거나 과소하다고 말하기는 어렵다. 마크 와이저는 지난 1990년대에 이미 "모든 방마다 수백 대의 '연결된 컴퓨터(connected computer)'가 존재할 경우의 잠재력"에 대해 전망했었다. 그것은 에릭슨의 예측마저 무색하게 할 수 있다. "일단 개방형 연결 인터페이스가 자리를 잡으면, 서비스 혁신이 뒤따를 겁니다. 이에 대한 질문은 '우리가 그렇게 연결할 필요가 있나요?'에서 '그렇게 연결된 것으로 우리가 어떤 '새로운 것'을 할 수 있을까요?'가 되겠지요."[24]

사업에 관한 전망을 할 때 가장 어려운 것이 바로 타이밍timing을 파악하는 것이다. 사물인터넷에 대한 전망을 완전히 실현하기 위한 기술적·운영적·행위적 문제들을 얼마나 빨리 해결하게 될지를 말하기도 어렵다. 그렇지만 바로 지금 이 산업계에서는 꽤 많은 움직임이 벌어지고 있다. 또한 오늘날 많은 회사들이 상당한 경제적 이익을 거둬들이고 있다. 이 분야에서는 한층 더 높은 혁신과 실험의 기회가 무르익고 있는 것이다. 이는 단시일 내에

---

23 Evans and Annunziata, *Industrial Internet*, p.4.

24 Ericsson, "More Than 50 Billion Connected Devices," p.4.

실현될 구체적인 기회를 제공하고 있기 때문이다.

다음 몇 개의 장에서 우리는 구체적인 예시들과 기업들을 살펴볼 것이다. 우리는 또한 산업계 전문가들과의 논의를 이어갈 것이다. 무슨 일이 일어나고 있으며, 앞으로 무슨 일이 일어날 것이며, 사물인터넷의 비전을 실현하려면 무슨 일이 일어나야 하는지에 관해서 말이다.

2장. 기술 생태계

기술은 아무 것도 아니다. 중요한 것은,
"인간이 기본적으로 선량하고 똑똑한 존재이며,
당신이 그들에게 도구를 주었을 때,
그들이 그 도구를 사용해서 경이로운 일을 할 것이다"라는,
인간에 대한 당신의 믿음이다.

_ 스티브 잡스

technology(기술)의 어원이 된 그리스어 techne는 실용적인 응용 물품을 다루는 예술을 의미했다. 실제로, IoT 기술의 세계는 우리가 썼던 대로 사물이 창조되고 있는 분야이며, 그래서 과학 못지 않게 예술적인 면이 많이 작용된다. 예를 들어, 전파기술 (RF) 엔지니어에게 소형 통신형 디바이스에 들어갈 안테나를 설계해줄 것을 요청하면, 그는 그것 자체가 정말로 예술적인 일이라고 말할 것이다. 또한, 전체 IoT 생태계의 상태는 살아서 성장하는 유기체와 닮은 점도 있다. 사물들이 종종 변화하고, 표준이

정의되며, 솔루션들이 쉴 새 없이 만들어져 나오는 것이다. 이를 해내는 사람들 중 대다수가 공학 학위 소지자이기는 하지만, 어떤 측면에서는 이들도 예술가와 비슷하다고 할 수 있다.

IoT 기술 생태계는 복잡하고 혼란스러워 보이며, 특히 기술 쪽에 있지 않는 이들에게는 더욱 그러하다. 그렇지만 비트와 조각[1]을 결합해 솔루션을 만든다는 것은 기술자에게도 종종 쉽지 않은 일이다. 많은 경우에 그러한 솔루션을 찾을 만한 곳도 명확하지 않다.

또한, 앞 장에서 언급한 바와 같이, 사물인터넷의 성공 여부는 "해당 산업에서 그 비즈니스적 문제를 해결하기 위해 IoT 기술들을 기꺼이 받아들이느냐?"에 크게 좌우된다. 이번 장에서 우리는 기술 생태계의 각 부분과 도전 과제, 참여자 그리고 나아가야 할 방향을 제시할 것이다.

전반적으로, IoT 기술 생태계를 3가지 주요 그룹으로 나눠볼 수 있다. 데이터 수집(data acquisition), 데이터 전송(data transport), 데이터 분석(data analysis)이 그것이다.

'데이터 수집'은 디바이스 또는 하드웨어의 영역이다. 이 영역에서 다양한 센서로 수집된 데이터가 네트워크로 보내진다. 맥박이나 칼로리 소모량을 측정하는 신체 센서, 자동차의 가속도와

---

1 bits and pieces, 사물인터넷 솔루션을 구현하는 소프트웨어와, 하드웨어를 구성하는 기본 단위로 이해하면 된다. _옮긴이 주

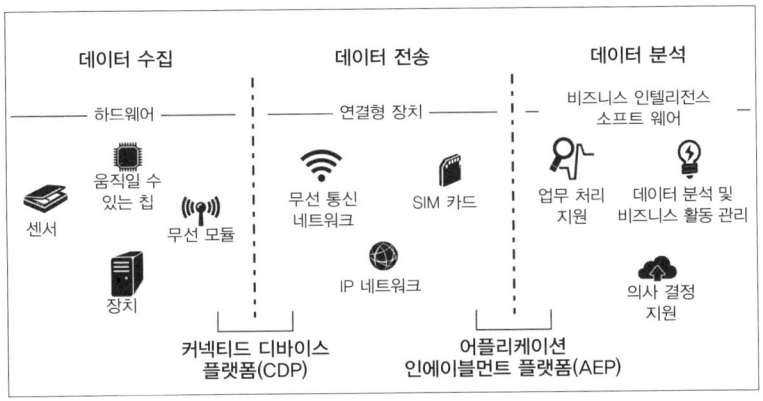

〈시스템 통합 및 서비스〉

그 밖의 많은 것을 측정하는 자동차 OBD-II[2] 장치를 예로 들 수
있다. RFID 태그와 리더기도 이 범주에 속한다. 데이터를 전송하
려면 디바이스에 전파 송출 장치가 있어야 한다. 그러한 디바이
스는 셀룰러cellular나 와이파이를 사용하는 것일 수도 있고, 단거
리(short range) 통신을 사용하는 디바이스일 수도 있다. 데이터
가 수집되면 통신망을 거쳐 보내게 되는데, 이것이 '데이터 전송'
이다. 통신망은 무선일 수도 있고 유선일 수도 있지만, 이 책의
목적에 맞추기 위해 우리는 우선적으로 무선 통신망을 중심으로
언급할 것이다. 광역(wide-range) 통신으로는 셀룰러 통신, 위성

---

2 OBD(On-Board Diagnostics)는 자동차의 자가 진단 및 보고 기능을 일컫는 차량 분야의 용
어이며, OBD-II는 OBD 중 가장 공통적인 규격이다. OBD 시스템은 해당 자동차의 주인이나 정
비사가 다양한 차량 보조 시스템의 정보에 접근할 수 있도록 해준다. 최신 OBD 장치들은 차량
내부의 고장을 알아내고 고칠 수 있도록 해주는 일련의 표준 DTC(Diagnostic Trouble Codes,
고장 진단 코드)를 사용하고 있으며, 실시간 데이터를 제공해주는 표준화된 디지털 통신 포트도
사용하고 있다. (출처: http://en.wikipedia.org/wiki/OBD-II#OBD-II)

통신, 와이파이 등을, 단거리(short-range) 통신으로는 블루투스, 지그비ZigBee와 RFID 등이 그것이다.

셀룰러 통신망은 IoT 분야에서 점차 더욱 중요한 역할을 맡고 있다. 이는 모바일 데이터 비용이 지속적으로 하락하고 있고, 다른 통신망에서는 제공하지 못하는 네트워크의 편재성을 제공하기 때문이다.

데이터 분석은 센서와 디바이스로 수집되고 네트워크를 통해서 전송된 정보를 분석하고, 해석하고, 실행시키거나, 사람들에게 실행하도록 제시해주는 분야다. 이 분야는 빅데이터와 실시간 분석이 다양한 회사들에서 차별화의 핵심 분야로 급부상하면서 강력한 추진력을 발휘하고 있다. 통신형 디바이스는 이러한 시스템에 데이터를 공급해 추적 능력을 향상시키고, 업무 흐름(workflow)도 최적화하며, 시스템을 자동화시킨다.

데이터 분석 분야를 급속히 변화시킨 주요한 혁신은 새로운 종류의 아키텍처, 소프트웨어·하드웨어에 의한 것이다. 그것들은 방대한 데이터 세트를 어떻게 포획(capture), 조정(curate), 저장(store), 검색(search), 분석(analyze)하고 시각화(visualize)할 것인가 하는 앞선 도전 과제들에 집중되어있다. 방대한 데이터 세트로 하는 작업의 비용이 기술 혁신을 통해 불과 몇 년 전과 비교해볼 때 극단적으로 저렴해졌다. 이것을 이용해서 상관 관계를 찾을 수 있고, 업계 동향도 조명할 수 있으며, 잠재적인 범죄 활동을 탐지하고 예방할 수 있고, 모든 종류의 업무 흐름을 최적화할 수 있다.

데이터가 원활히 흐르게 하기 위해 기술 생태계 내의 3가지 주요 그룹 중 어느 두 그룹 간에 통신을 가능하게 하는 플랫폼이 있다. 예를 들어, 데이터 수집단과 데이터 전송단 사이에는 커넥티드 디바이스 플랫폼(CDP, Connected Device Platform)이 있다. 가끔 미들웨어[3]로 간주되기도 하는 CDP는 주로 셀룰러 통신망을 통해 디바이스와 센서를 쉽게 연결할 수 있게 하고, 디바이스를 멀리서도 관리할 수 있게 한다. 수천 개 또는 수십만 개나 되는 디바이스를 현장에서 수동으로 재설정하는 일을 상상해보자. 이러한 일은 CDP로 예방할 수 있는 다양한 악몽 중 하나에 불과하다.

수백만 개나 되는 디바이스를 관리(활성화, 비활성화, 추적, 로밍 등)하는 일이 때로는 매우 복잡하다. 그래서 통신사들은 재스퍼 와이어리스Jasper Wireless와 같은 CDP로 고객용 솔루션을 구축하거나, 연합체를 형성해 규모에 맞는 적절한 플랫폼을 구축한다. 로밍roaming은 많은 IoT 솔루션을 위한 필수적인 기능이다. 그래서 우리는 주로 대형 글로벌 통신사들을 살펴보고 있다. 이들은 여러 국가에서 IoT 회선 공급자(con-nectivity provider)로서 매우 활동적인 역할을 수행하고 있다.

---

3 middleware, 주로 상하 관계나 동종 관계로 구분되는 프로그램들 사이에서 매개자 역할이나 프레임워크 역할을 하는 일련의 중간 계층 프로그램이다. (출처: TTA IT용어사전) _옮긴이 주

데이터 전송단과 데이터 분석단 사이에는 어플리케이션 인에이블먼트 플랫폼Application Enablement Platform, AEP이 있다. AEP는 개발자가 연결된 디바이스들에서 나온 데이터를 활용하는 어플리케이션을 만들 수 있게 해준다. 예를 들어, 어떤 AEP에는 현장에 있는 디바이스들에 맞는, 잘 정의된 응용 프로그래밍 인터페이스(Application Programming Interfaces, API)가 있을 것이다. 이러한 API들을 사용하면 디바이스의 센서값, 위치, 배터리 충전 정도, 그 밖의 다양한 인자(parameters)에 접근할 수 있다. 예를 들어 개발자는 이 정보를 사용해 귀중한 화물의 위치와 그 온도를 추적하는 새로운 어플리케이션을 만들 수 있다.

IoT 분야에서 어플리케이션 개발자가 당면하고 있는 도전 과제 중에는 이동성을 늘 염두에 두어야 한다는 것도 있다. 대역폭이 제한적이고 대량의 데이터를 쓴다면 상대적으로 비싼 이동통신에서는 데이터를 효율적으로 사용하는 것이 매우 중요하다. 대부분의 경우에 "효율적으로 한다"는 말은 디바이스를 더 똑똑하게 만든다는 뜻이다. 그러니 디바이스는 데이터를 클라우드로 전송할지 말지를 스스로 결정할 수 있게 된다.

스피브 파졸은 이렇게 말한다.

어플리케이션을 구축하는 사람 중 다수가 무선에 대해 전혀 모른다는 점이 가장 큰 도전 과제라고 생각합니다. 그 사람들이 의료기기 전문가일 수는 있어요. 하지만 [셀룰러] 통신망에서 효율적으로 동작하는 디바이스와 소프트웨어를 개발하는 방법을 잘 아는 전문가는 절대 아닙니다.

빌 데이비슨이 말을 보탠다.

당신에게는 데이터를 수집하는 센서들이 있습니다. 문제는 "얼마만큼의 데이터를 전송시킬 것인가?"이지요. 내가 헬스케어 어플리케이션이고, 내 센서는 특정한 생체신호를 탐색합니다. 생체 이상신호가 감지되지 않는 한 나는 어떤 것도 송출할 필요가 없지요. 지금 우리가 당면하고 있는 핵심 의제는 개발자들이 어떻게 효과적으로 어플리케이션을 구현할 것인가에 관해 걱정하기 시작해야 한다는 점입니다. 이동통신사업자들이 한동안 고정요금제(fixed pricing) 정책에서 이탈했던 것을 본 적이 있어서요. 제 생각엔 이동통신사업자들이 데이터 효율성의 의미를 개발자 커뮤니티에 심어주고 싶었던 것 같아요. 그들이 무제한 모바일 데이터에 대해 고정 요금제를 부과했을 때는 아무도 효율성에 대해 걱정하지 않았지요. 앱이 매 10초마다 디바이스 상태를 점검하더라도 전혀 문제가 되지 않았고요."

IoT 기술 생태계와 그 부분들을 조금 더 면밀히 살펴보자.

주로 크기와 형태가 다양하다는 이유로 (데이터 수집 범주에 속하는) 디바이스 하드웨어는 생태계의 가장 도전적인 분야 중 하나다. 산업용 장비에 흔히 설치되는 블랙박스 형태의 장치들을 떠올릴 수도 있지만 자동차에 설치되는 OBD-II 장치나, 우아한 신체 착용형 체형 관리 디바이스, 가전 기기에 내장된 통신 모듈, 흙에 묻어둔 수분 센서, RFID 리더기, 기타 등등도 여기에 해당된다. 이 모든 것에는 서로 다른 폼팩터,[4] 서로 다른 통신 방식, 서로 다른 어플리케이션이 필요하다.

이것은 스티브 파졸이 하드웨어에 관해서 했던 말이다.

> 저는 불과 1년 안에 통신 기능을 내장해서 더 쉽고 더 빨리 시장에 출시할 수 있게 되리라고 봅니다. 그것은 텐트의 가장 긴 지지대[5]에 해당하지요. 디바이스 측면에서 말입니다. 보통 소프트웨어 측면이나 통신 측면에선 그렇지 않아요. 다시 말한다면, '규모 있게 제조되고, 인터넷을 통해 업데이트가 가능하며, 또 스스로 그렇게 할 수 있는 그런 디바이스를 어떻게 구할까?'에 관한 것이지요. 이 분야가 실제로 더 많은 제품을 더 간편하고 더 빠르게 출시하는 데 있어서 가장 많이 진보할 영

---

4 form factor, 하드웨어를 구성하는 컴포넌트들의 크기, 구성, 배열 등을 말한다. _옮긴이 주
5 프로젝트를 진행하는 데 있어서 가장 중요하고 시급한 문제다. _옮긴이 주

역이라고 할 수 있습니다.

예를 들어, 하드웨어 설계에서 큰 부분은 모든 전기적·전자적 부품들을 정의하는 전기 설계 분야라고 할 수 있다.

전기 설계의 가장 결정적인 부분 중 하나는 안테나 설계다. 지난 20년간 이루어진 안테나 설계의 진보는 정말로 놀랍다. 우리 중에는 안테나를 잡아당겨 꺼내야 했던 초기 휴대폰을 기억하는 사람이 있을 것이다. 시간이 흐르면서 안테나는 디바이스 내부에 감춰졌으며, 나중에는 안테나가 스마트폰의 본체 안으로 통합[6]되었다. 그러는 사이에, 디바이스들이 더 작고 복잡해지는 데 발을 맞춰 안테나도 더욱 더 통합되어야 했다.

예를 들어, 오늘날의 일반적인 스마트폰에는 다음과 같은 무선 주파수에 맞출 수 있는 안테나가 있어야 한다. CDMA, GSM, UMTS, LTE, GPS, 블루투스가 그것이다. 이러한 모든 기술이 아주 작은 신체 착용 장치나 소비자용 가전기기에 내장되는 일을 상상해보라. 시계, 발찌, 허리띠, 혈당측정기, 인슐린펌프, 심박측정기와 같은 웨어러블 디바이스를 상상해보라. 그와 같이 큰 다양성으로 인해, 안테나 설계는 예견할 수 있는 미래에 과학이라기보다는 예술에 더욱 가까운 일이 될 것이다. 적어도 일부 새

---

6 인테나(intenna)라고 한다. _옮긴이 주

로운 반표준화된(semistandardized) 안테나 설계의 접근법을 찾아
내기 전까지는 말이다.

다양한 소비자용 디바이스들에서 보았듯이, 적합한 설계가 시
장에서 성공하는 데 가장 중요한 요인이 될 수 있다. 무선 디바
이스의 경우에 배터리뿐만 아니라 전자 부품과 안테나에 따른 제
약으로 인해 설계가 아주 복잡해졌다. 소비자용 신체 착용형 디
바이스에 대해서 말할 때, '보기 좋고 느낌이 좋은 것과는 별도로'
보증을 받아야 할 그 무엇이 있다. SAR(전자파 흡수)의 경우에는
안테나 성능과 직접 연관된 규제도 있다. 만약 해당 디바이스가
이러한 규제 기준을 충족시키지 못하면, FCC와 이동통신사는 그
디바이스를 인증해주지 않을 것이다. 물론 판매하도록 허용하지
도 않을 것이다.

발열은 심각하게 규제해야 할 중요 요인이다. 신체에 착용하기
에 부적합할 정도로 디바이스가 너무 뜨거워져서는 안 되기 때문
이다. 게다가 배터리는 충분한 시간 동안 전력을 공급할 수 있어
야 하면서도, 크기도 적당해야 한다(소비자가 휴대폰을 충전하듯이
모든 신체 착용 디바이스를 자주 충전하려고 할지는 모르겠다. 배터리가
수 주 혹은 몇 달이나 간다면 모르겠지만 말이다). 그러한 디바이스는
잘 설계된 소비자용 전자 기기에 딱 맞아 들어갈 만큼 충분히 작
아야 한다.

요약하자면, 이러한 하드웨어 설계와 관련된 도전 과제들은 기

꺼이 참조 설계 모델을 구축하고, 다양한 시장과 폼팩터에 잘 들어맞는 하드웨어 플랫폼을 개발하려는 회사에 의미있는 기회를 제공할 것이다.

사물의 디바이스용 소프트웨어 측면을 살펴보면, 센서의 통합이 점점 지극히 중요해지고 있음을 알 수 있다. 여기가 상황 지능(contextual intelligence)이 활약할 곳이다. 사물인터넷의 확산과 더불어 센서가 점점 더 탁월한 역할을 담당하게 된다. 구글 나우 Google Now는 강력한 상황 지능이 할 수 있는 일을 아주 잘 보여주는 사례다. 구글 나우의 배경을 이루는 개념을 모든 종류의 상황 데이터에도 적용할 수 있다. 위치, 가속도, 기압, 광량, 온도와 같은 정보를 전달하는 센서 데이터는 예측 모델을 만드는 데 사용된다. 이를 통해 상시 접속(Always-On)이나 실시간 데이터 전송을 할 필요를 줄이고, 결과적으로 데이터 전송 비용을 절감하며, 배터리 수명도 향상시킬 수 있다.

무선 기기들이 이렇듯 문제 하나를 해결하기는 했지만, 다른 문제도 만들어냈다. 디바이스에서 선을 모두 제거하면 설치하기가 쉬워진다. 그러나 대부분의 경우, 그러한 디바이스에는 배터리 형태로 된 자체 전력도 있어야 한다. 많은 실생활 사례에서 보듯이 그러한 배터리는 수명이 오래 가야 한다. 사용하기에 따라서는 몇 주, 몇 달, 몇 년 정도는 가야 한다. 오늘날에는 배터리의 수명을 연장하는 방법들이 다양하다. 그중 하나는 데이터를 전송하지 않을 때 기기가 절전 모드에 들어가게 하는 것이다. 또 다른 방법으로는 태양, 바람, 진동, 열 또는 디바이스가 사용되는 장소에 존재하는 대체 에너지원에서 에너지를 뽑아내는(harvesting) 방법이다. 예를 들면, 무선 디바이스에 필요한 에너지원으로 사람의 체열을 사용하는 일은 수익성 있는 개념으로 보인다. 현재, 사람의 체열을 사용하면 간단한 센서에 필요한 전력을 얻을 수 있을 뿐, 이동통신 디바이스를 완전히 구동시킬 수는 없다. 그렇지만 미래에는 기술이 발전되면서 가능해질 수도 있을 것이다.

전용 통신 디바이스가 없는 경우도 몇 개 있다. 하지만 스마트폰을 무선 센서의 허브로 사용할 수도 있다. 예를 들어 바디미디어가 제조한 신체착용형 센서는 스마트폰을 사용해 블루투스로 통신하고, 스마트폰이 해당 데이터를 클라우드로 전송한다. 이 접근 방식의 장단점을 다음에 나올 여러 장에서 평가해볼 것이다.

데이터 전송과 관련하여 "IoT 디바이스가 이동통신망에 어떤 영향을 줄 것인가?" 하는 점만을 상상해볼 수 있다. 특히 에릭슨이 예측한 대로 500억 개에 이른다면 더욱 그러할 것이다.

우리는 기술 전문가 그룹과 점심을 함께 한 적이 있다. 그 전문가들 중 한 명은 향후 3~5년 사이에 데이터 사용량이 이동통신사에 미칠 영향을 추정하는 프로젝트를 담당하고 있었다. 그가 계산 모형을 설명한 후에 우리는 스마트폰과 태블릿 이외의 디바이스도 고려 대상에 넣었느냐고 물어보았다. "어떤 디바이스를 말합니까?"라고 그가 되묻자, 우리는 전력계량기, 모니터링 디바이스, 개인 체형 관리기, 심박측정기, 혈당측정기, 인슐린펌프, 개인 추적 장치 등을 언급했다. 그는 그런 것들을 전혀 고려하지 않았고, 자신의 모형은 스마트폰과 태블릿만을 고려한 것이라고 했다. 우리는 깜짝 놀랐다.

이러한 여타 디바이스들이 생성하는 데이터의 양이, 스마트폰과 태블릿이 생성하는 데이터의 양을 분명 극적으로 넘어설 것이다. 태블릿으로 고화질 동영상을 보려고 할 때, 이 모든 디바이스가 조용히 접속 신호를 보내고, 데이터를 동기화하고, 상태 업데이트를 요청한다. 이것들을 모두 합한 데이터의 양이 수 테라바이트에 이를 것이다. 이러한 분량은 적어도 스마트폰, 노트북컴퓨터, 태블릿 PC가 생성하는 분량에 필적할 것이다. 이것이 이동통신사의 통신망과 관련해 시사하는 바는 무엇일까? 어떻게 여타의 디바이스나 사물인터넷을 고려하지 않고서 정확한 데이터량 예측 모델을 만들 수 있겠는가?

어느 예측 모델에서든 그러하듯이, 실제로 선형적이지 않은 세계에서 선형 예측 모델을 만들기가 매우 어렵다. 그렇지만 한 가지는 분명하다. 그것은 휴대폰이 아닌 디바이스들의 데이터 트래픽도 커다란 잠재력을 가지고 있으며, 이동통신사의 통신망에 중대하고도 크나큰 부담을 안겨줄 가능성이 높아 보인다는 것이다. 항상 그랬듯이, 통신사업자들은 사물이 증가하는 데 맞춰서 적응하고 조정해야겠지만, 통신망에 유입되는 데이터 트래픽의 폭증에 대비하는 정도에 따라서 시장 선도자와 추종자로 나뉠 것이다.

전 세계 어디서든 접속할 수 있게 하는 것도 매우 중요하다. 어떤 OEM 제조사도 가지각색의 시장을 위해서 각기 다른 버전의 디바이스를 만들거나, 새로 진입하려는 특정 지역 시장에 맞춰 디바이스마다 다른 SIM 카드를 집어넣거나 하는 상황을 원치 않을 테니 말이다. AT&T에서 근무하는 글렌 루리는 이렇게 말한다.

> 여러 해 전부터 함께 이야기를 나누고 있는 나의 첫 번째 고객과 처음으로 만났을 때 말입니다. 그 고객에게서 처음 받았던 질문은 "전세계로 출시할 수 있게 도와줄 수 있습니까?"였습니다. 한때는 단일한 SIM을 공급하는 것은 정말이지 너무나 어려웠어요. 이제는 당신이 만드는 모든 디바이스 하나 하나에 동일한 SIM을 넣으면 되고, 전세계 200개 국가의 커버리지[7]를 확보하기 위해서 1개의 이동통신사와만 협력하면 됩니다. 단일 SIM은 디바이스의 제조 과정을 단순하게 만들고, 그 차량용 디바이스를 당신이 가려는 곳으로 선적만 하면 되고, 그곳에 도착한 뒤에는 자동으로 통신망에 연결되게 해줄 겁니다.

---

7 coverage, 통신이 가능한 구역을 뜻한다.

데이터 분석 분야의 대표적 트렌드는 클라우드를 통해 제공되는 서비스형 소프트웨어(SaaS, Software as a Service)이다. 이것은 대부분의 사례에서 보듯이 IoT 솔루션을 전사적 자원 관리 시스템(ERP)에 즉각 통합하지 않아도 된다는 의미다. 종사자와 관리자는 자신들의 데스크탑, 노트북컴퓨터, 태블릿, 스마트폰으로 클라우드에 있는 데이터에 접근할 수 있다.

최근에 보았듯이, 기업의 IT 부서는 새로운 SaaS 회사나, 어플리케이션 스타트업들에 의해 시장에서 벌어지고 있는 혁신을 따라잡지 못하고 있다. 심지어 이 분야의 대형 사업자들도 빅데이터 관련 전문 기술을 확보하기 위해 적극적으로 중소기업 인수에 나서고 있다. 기업의 IT 부서가 통합해서 제공하는 것보다 훨씬 더 효율적인 개인용 어플리케이션들에 관한 사례도 많다. 자산 추적과 같이 업무용 어플리케이션에 있어서도, 많은 기업들이 이런 자산 추적 서비스를 웹을 통해 클라우드 방식으로 제공하고 있다. 오늘날에는 대부분의 기업들이 클라우드에서 제3자가 기업데이터를 처리하게 하는 일을 당연시하고 있지만, 불과 몇 년 전만 해도 그렇지 않았다.

많은 회사들이 적극적으로 클라우드 서비스를 이용하고 있다. 그러나 어떤 측면에서는 ERP와 같은 기업이 보유하고 있는 기존 소프트웨어 시스템과의 통합 이슈가 조만간 대두될 것이다. 공급자의 입장에서는, 클라우드를 통해 필수적 기능들을 최초로 공급하는 것과, 기존 기업 소프트웨어 시스템에 쉽게 통합할 수 있게 하는 개방형 API를 확보하는 일이 매우 중요해질 것이다.

　사물인터넷을 가능하게 하고 단순화시키는 일들이 이미 많이 일어났지만, 여전히 더 많은 일들이 일어나야 한다. 그 일들 중에는 통합화·표준화·단순화뿐만 아니라, 모든 디바이스와 센서가 만들어내는 그 모든 데이터로 무엇을 해야 할지, 그리고 기존의 프로세스를 향상시키고 지원하기 위해 그 데이터를 어떻게 '회사 내의 의사 결정 과정과 프로세스에 영향을 줄 수 있는 지식'으로 전환시킬지 하는 것들이 있다. 스티브 파졸은 데이터 어낼리틱스 data analytics의 잠재력에 관해서 다음과 같이 생각을 공유한다.

　　우리는 이제 막 기반 시설을 놓고 있다고 생각합니다. 저는 많은 사례들로부터 확보한 데이터로 무엇을 해야 할지를 사람들이 알아냈다고 생각하지 않습니다. 어쩌면 그들은 데이터의 가장 주된 용도를 '트럭의 위치를 관찰하면 공급망의 효율성을 높일 수 있다' 정도로 이해하고 있을지도 모릅니다. 데이터의 제2, 제3의 용도가 있을 수도 있고, 부가적인 가치가 있을 수도 있습니다. 나는 빅데이터라는 개념과 어낼리틱스라는 개념이 IoT에 제대로 적용된 적이 아직 없다고 생각합니다. 어쩌면 특정한 영역이나 특정한 어플리케이션과 관련해서는 아주 많은 기회가 있을지도 모르지만요. 그러니까 이것은 거기에 어마어마한 기회들이 있다는 말입니다. 비즈니스 분석 소프트웨어 분야에서는 어플리케이션을 구축하기가 점점 더 쉬워질 거고요.

그래서 IoT란 정말로 데이터에 관한 것이라고 봅니다. 내게는 말이지요. 우리는 이제 그전에는 얻어내기 어려웠던 데이터를 디바이스나 센서로 뽑아내고 있어요. 그런 상황에서 일단 클라우드에 올라가면 그것이 데이터입니다. 그래서 모든 데이터 처리 도구들에, 그것이 빅데이터든 어떤 종류의 비즈니스 인텔리전스 소프트웨어든, 모든 데이터를 적용할 수 있습니다. 그래서 나는 구글과 페이스북 같은 기술과 도구들은 그들의 사용자와 그들이 가지고 있는 데이터를 많이 분석한다고 생각합니다. 그리고 그것은 IoT 공간에 적용하기에 매우 좋고요.

어떤 네트워크상에서 IoT 솔루션을 구동하게 할 것인가를 결정해야 할 때, 우리는 편재성(ubiquity)과 과립성(granularity)이라는 양립하는 문제를 지적하고자 한다. 예를 들면, RFID 태그는 무척 싼데다 배터리도 필요 없다. 게다가 영구적이기까지 해서 우리는 RFID 태그를 거의 모든 것에 붙일 수 있다. 예를 들면 마트에 있는 모든 상품들에 말이다. 이런 방식으로 RFID는 사물을 보고 찾아내는 일에 높은 수준의 과립성을 제공한다. 그렇지만 각

RFID의 설치와 관련된 RFID 리더기도 필요하다. 그러므로 거기에는 설치와 조정 및 조율이 따라야 한다. 그 RFID는 다른 통신망의 편재성을 제공하지 않는다. 이동통신망을 예로 들어보자. 이동통신 사업자는 이동통신망을 통해 거의 모든 곳에서 접속할 수 있게 해준다. 그래서 이동통신망은 편재성이 있는 셈이다. 그렇지만 이동통신망을 이용하는 디바이스는 RFID 태그와 비교하면 더 비싸고 큰데다 배터리까지 필요하다. 이동통신망을 이용하는 디바이스는 RFID가 제공하는 수준의 과립성을 제공하지 않기 때문이다.

이 문제를 더 잘 이해하기 위해서 우리는 MIT의 산제이 사르마 교수와 담화를 나눴다. 산제이는 오늘날 RFID에 소요되는 가장 큰 비용은 설치와 통합 과정에서 발생한다고 지적했다. 또한 편재성 이슈를 해결하는 방법은 RFID 리더기를 4G나 WiFi로 무선화해서 편재성을 가지게 하는 것이라고 했다. 산제이는 "RFID 리더기에 표준 전기 플러그가 달려있다고 상상해보세요. 그러면 당신이 할 일은 그저 플러그를 꽂아주는 겁니다. 그러면 모든 게 순조롭게 돌아가지요"라고 말한다. 그는 언젠가 무수한 디바이스들이 RFID 리더기의 기능을 지니게 됨으로써, RFID 디바이스의 짧은 통달거리 문제를 해결하게 될 때가 올 것이라고 상상하고 있다. 그 범위 내에 언제나 리더기가 있을 것이니 말이다.

다른 한편으로는, 이동통신사업자들이 그들의 셀룰러 네트워크 위에 WiFi도 포함시켜 서비스를 제공하기 시작한 것에 주목할 필요가 있다. 그러니까 그리 멀지 않은 미래에 이동통신 사업자들이 기술과 상관 없이 초고속 무선 인터넷 접속 서비스를 유상 판매하리라는 추측이 이로써 충분히 가능하다. 우리의 세상은 부분적으로 다양한 무선통신망의 편재성 문제를 해결해가고 있는 것이다.

대체로 IoT 비즈니스를 구축함에 있어서 무선통신망은 매우 중요한 고려 요소다. 각각의 적용 사례들에 기대어보자면, IoT 모듈은 아주 먼 지역에서는 위성신호를 받을 수 있어야 하고, 아주 가까운 곳에서는 블루투스나 NFC(Near-Field Communication)를 사용할 수 있어야 한다. 통신 사업자의 망과 GPS는 지금까지는 데이터 전송의 가장 지배적인 형태라고 할 수 있다. 하지만 아주 높은 보안성이 요구되는 환경에서는 데이터 전송의 표준으로 NFC를 채택할 수도 있다. 정확한 위치나 온도와 같은 다양한 요인에 의존하는 센서 기반 네트워크의 경우에는, 정확하고 정밀한 데이터를 얻기 위해 종종 사용 가능한 무선통신들을 조합해 활용하기도 한다.

핵심 사업자들과, 그들의 포지셔닝과, 가까운 미래의 잠재적 수익원들을 들여다보게 된다면 다음과 같은 것들을 이해해야 한다. 즉, 시장 내에서의 각각의 사업자들이 차지하고 있는 고유한 위치, 수요·공급에 대한 잠재적 외부 효과(external effect), 시장에 새로 진입하는 신규 사업자, 그리고 산업 전반의 역동성을 바꾸어버리거나, 이전에는 전혀 불가능했던 것에 대한 대안적 접근 방법이나 해법을 허용하는 잠재적 와해성(disruption)에 대해 이해해야 한다.

가치 사슬 내에 있는 각각의 사업자들은 각자의 독자적인 판매 방식을 수립함으로써 경쟁 우위를 더 향상시킬 기회를 가지고 있다. 경쟁이 심하고 차별화가 안 되는 시장에서는 결국 생필품화(Commoditization)가 일어나게 된다.

이러한 원리를 IoT 시장에 적용해보면, 하드웨어 분야, 솔루션 설계 분야, 그리고 데이터 분석 분야가 가장 큰 수익이 기대되는 영역이라고 추정해볼 수 있다. 왜 그럴까? 하드웨어 분야에서는 큰돈을 벌기 어렵다는 생각이 일반적이기는 하지만, 우리는 IoT와 관련해서는 하드웨어에서 이익을 거두어들일 기회들이 여전히 많이 남아있다고 믿는다. 무엇보다도 먼저, 기대했던 만큼 미처 시장이 떠오르지 못하고 있는 핵심 원인 중 하나로 복잡성(complexity)을 들 수 있다.

현재 IoT에서 가장 복잡성을 띠는 것이 디바이스 영역이기는 하다. 하지만 누군가가 이 복잡성을 제거해줄 수만 있다면, 그는 생태계 내의 모든 이들에게 상당한 가치를 풀어내줄 수 있을 것이다.

디바이스 공급자를 칩셋chipset 공급자, 무선모듈 공급자, 완성 디바이스 공급자/통합자(Integrator)로 구분해보자면, 칩셋 공급자와 최종 디바이스 공급자/통합자 쪽에서 앞으로 수년에 걸쳐 가장 큰 혁신들이 발생할 것이다. 그리고 이는 가장 성공적인 사업자에게 엄청난 이익을 가져다줄 것이다. 그렇지만 무선모듈 공급자는 심한 가격 경쟁에 직면하게 되고, 그들 중 일부는 거의 시장 밖으로 밀려나게 될 수도 있다. IoT 시장에서는 하드웨어 확장성[8] 문제를 해결할 수 있는 사업자(또는 사업자들)를 기다리고 있다. 이 분야에서는 출중한 회사들이 잘 해낼 수 있을 것이다.

오늘날, 대부분의 IoT 디바이스 공급자들은 이동통신 분야에서 사용되어온 기존 칩셋을 재사용한다. 이는 수십억 개가 넘는 칩셋들에 분산된 간접비를 감안해볼 때 막대한 '규모의 경제(economies of scale)'를 선사해주고 있기 때문이다. 이러한 이유로, 주요 칩셋 사업자들은 IoT 전용의 초저가 칩셋을 별도로 개발하지는 않을 것 같다. 적어도 그들의 관점에서 핵심 셀룰러 비즈니스와 비교해보면, IoT 시장이 여전히 상대적으로 작은 시장으로 머물고 있는 한 말이다. 이러한 상황은 와해성 혁신(disruption)에 대한 크나큰 기회를 제공하고 있다. 결국 이로써 이 시장에 대변혁을 일으킬 완전히 새로운 접근방법론이 일부 신규 진입자들로부터 나올 수도 있을 것이다.

---

8 scalability, 기능을 추가하거나 용량을 증설할 때 시스템의 기능이 일관되게 이루어지도록 해주는 능력이다. _옮긴이 주

공급망의 다른 한쪽 끝에는 소프트웨어와 어플리케이션 플랫폼이 자리잡고 있다. 이 시장은 여전히 고도로 파편화되어있고, 시스템 통합 회사(system integrator, SI)가 높은 마진을 가져가고 있으며, 가진 역량에 비해 덜 매력적인 사업 사례들만 많이 만들어내고 있다. 이 시장은 언제나 나에게 초창기의 휴대폰 산업과 수년 동안 존재했던 파편화 문제를 떠올리게 한다. 몇몇 사업자가 '어플리케이션을 쉬울 뿐만 아니라 비용 대비 효율성도 높게 개발하고 사용할 수 있도록 해주는' 어플리케이션 플랫폼을 설계할 수 있다면 어떨까? 그러면 이러한 플랫폼은 2006년부터 시작된 모바일 플랫폼과 관련해 우리가 봤던 것과 마찬가지로, 대규모의 네트워크 효과[9]에 의한 수익을 만들어낼 수 있을 것이다.

데이터 분석과 작업 공정 최적화 또한 흥미롭게 성장할 시장이다. 이러한 시장들이 현 시점에서 아직 미성숙 상태이기 때문에, 시장의 중심 사업자가 될 수 있는 역량을 가진 회사들은 매우 매력적인 위치를 점유하게 될 것이다.

우리가 언급할 마지막 부분은 '엔드투엔드 솔루션'[10]을 공급하는 회사들이다. 솔루션 설계를 벗어나는 복잡성을 받아들일 수 있는

---

9 network effects, 어떤 상품·서비스에 대한 수요가 일단 형성되면, 이것이 다른 사람들의 수요에 영향을 미치는 현상이다. 미국 경제학자 하비 라이벤스타인(Harvey Leibenstein)이 주창했다. _옮긴이 주

10 end-to-end solution, 사물인터넷 솔루션의 가치사슬 중에서 특정 부분만을 담당하는 것이 아니라, 최하위 단말에서부터 최상위 어플리케이션까지 일관되게 종합적으로 개발·공급하는 것이다. _옮긴이 주

역량과, 포괄적인 원스탑 샵[11]의 역할을 할 수 있게 된다는 것은 기술 중심 회사들과 SI 회사들에는 매력적일 것이다.

사물인터넷 산업의 핵심 성장 동인은 공급 사슬 전반에 걸친 강력한 비용 절감으로 추진되는 새로운 서비스가 될 것이다. 오늘날 많은 서비스들이 개별맞춤형으로 구축되고 있고, 기술 표준과 플랫폼의 부족 때문에 SI 사업자들에 의한 고비용 구조로 가고 있다. 다량의 B2B와 B2C 분야 적용 사례를 수용해서 잘 조합해낸 2~3개의 강력한 어플리케이션 개발 플랫폼이 존재하는 세상을 상상해보라. 이런 플랫폼은 효과적으로 주목을 받아 투자를 이끌어낼 것이며, 산업 전체에 기하급수적 성장을 촉발할 것이다.

현재 성장과 관련하여 가장 큰 장벽은 당연히 표준화된 플랫폼의 부재와 결부된 가치사슬의 복잡성이다. 이러한 이슈가 일반적으로 복잡한 인증 과정을 회피하고 싶은 소기업들에는 더욱 큰 진입 장벽으로 작용한다. 이 인증 과정이 보다 더 다루기 쉬워지고, 이와 결부해서 어플리케이션 개발 비용도 줄어들면, 우리는 지난 수년간 iOS와 안드로이드에서 봐왔던 것과 유사한 현상을 떠올려볼 수 있다.

미래를 좀 더 멀리 내다본다면, 기존의 데이터 기반 구조는 사물인터넷의 기하급수적 성장에 대비하기에는 부족한 점이 많아,

---

11 One-stop Shop, 구매자가 단일 창구를 통해 모든 구매 행위를 마칠 수 있도록 제공하는 것이다. _옮긴이 주

조율과 개편을 해야만 할 것이다. 하버리서치의 글렌 올멘딩거는 IoT 디바이스 간의 피어투피어peer-to-peer, P2P 방식 연결이 결국 사물인터넷을 위한 아키텍처 표준의 기본 사양이 될 것이며, 통신망의 계층구조(hierarchy)도 과거보다 훨씬 줄어들 것이라고 생각한다. 또한 그는 이 분야가 진보하면서 나중에는 서버, 디바이스, 라우터, 허브에 대한 정의 자체도 급격히 달라질 것이라고 보고 있다.

MIT의 아사프 비더맨은 "오늘날의 웹은 IoT 서비스를 위해 만들어진 것이 아니다"라고 생각한다. 그러니까, 누구든지 디바이스 센서를 이용해 응용프로그램을 작성할 수 있도록 디바이스 공급자가 그들의 디바이스에 포함된 API를 공개하기 시작하고, 모든 접속에 보안 기능을 추가하게 하려면 새로운 접근 방식이 필요하다는 것이다.

페기 스메들리는 기술적 관점을 넘어선 멋진 전망을 내놨다.

이러한 디지털로의 변환 과정에 모두가 함께 참여해야 합니다. 특정한 회사나 사업자가 해낼 수 있는 게 아니니까요. 저는 IoT의 세계가 계속 새롭게 생겨나는 창의적이고 유용한 솔루션들의 기술적 태피스트리[12]라고 생각해요. 대다수 소비자는

---

12 tapestry, 다양한 색실로 그림을 짜 만든 직물이다. 여기서는 다양한 기술들의 집합체라는 의미다. _옮긴이 주

무대 뒤에서 일어나는 일을 알고 싶어하지 않지요. 그러니까 휴대폰과 마찬가지로, 우리는 그게 어떻게 동작하는지를 전혀 알고 싶어 하지 않아요. 우리는 그저 '그게 언제든지 동작하는가?'를 알고 싶을 뿐입니다. 그리고 저는 이러한 사고방식이 IoT에도 똑같이 적용된다고 봅니다. 그러니까 우리는 그 모든 게 어떻게 일어나는지는 전혀 알고 싶지 않지만, 그 기술이 지속적으로 진보하는지는 알고 싶습니다.

이 장에서 우리는 IoT 기술 생태계를 아주 높은 시점에서 조망했다. 오늘날 그곳에서는, 마치 살아있는 유기체처럼, 복잡성 문제에 대한 새로운 해법을 만들어내는 수천 명의 사람들이 함께 하고 있다. 그리고 그 해결 과정은 거의 '예술적 창조'라고 할 수 있다.

3장. 사일런트 인텔리전스의 미래

비즈니스는 다음 10년 동안에 지난 50년간 있었던 것보다
더 많은 변화를 겪게 될 것이다.

_ 빌 게이츠

제1장에서는 사물인터넷의 기하급수적 성장이 앞으로 5~10년
동안 우리 삶에 지대한 영향을 줄 것이라고 지적했다. 우리 생각
이 맞다면, 10년도 더 전에 빌 게이츠가 쓴《빌 게이츠 @ 생각의
속도》[1]의 첫 부분에서 인용된 위의 문장은 그 어느 때보다도 오늘
날에 더욱 잘 어울리는 듯하다.

어쨌든, 우리는 좀 더 자극적인 질문으로 이 장을 시작해보기

---

1 Bill Gates, *Business @ the Speed of Thought: Succeeding in the Digital Economy*
(New York: Grand Central Publishing, 1999).

로 했다. 사물인터넷의 세상에서는 인간이 의사 결정의 장애물이 되지는 않을까? 이미 얼마나 많은 의사 결정 능력이 기계에 주어졌으며, 또한 보다 많은 것들이 더욱 그렇게 될 거라는 걸 고려해보라. 아울러 센서와 디바이스에서부터 클라우드까지 빠르게 흘러 들어가는 정보의 속도를 생각해보라. 그렇다면 과연 인간이 그러한 상황을 받아들일 수 있게 될까? 오늘날 사물인터넷을 구현하는 데 있어서 인간이 가장 주요한 제한 요소일까? 그리고 더 중요한 것은, 이러한 모든 정보들에 인간이 적절하게 대처할 수 있게 될까?

구글의 애스트로 텔러는 우리와 대화하던 중에 흥미로운 이야기를 떠올려주었다. 그것은 2005년에 웹사이트인 플레이체스닷컴PlayChess.com이 주최한 자유형 체스 토너먼트에 관한 것이었다. 여기서 '자유형(Freestyle)'의 의미는 사람이든, 컴퓨터든, 또는 사람과 컴퓨터가 힘을 합쳐서든 토너먼트 경기에 출전할 수 있다는 것이었다. 누가 이겼을까? 그랜드마스터grand master가, 수퍼컴퓨터가, 일반 컴퓨터와 짝을 맺은 그랜드마스터가, 또는 수퍼컴퓨터와 짝을 맺은 아마추어 선수가 이겼을 것이라고 대개 떠올린다. 세계 체스 대회에서 노트북컴퓨터와 짝을 맺은 두 아마추어 선수 팀이 이겼을 것이라고는 누구도 떠올리지 못할 것이다.

그렇지만 사실은, 바로 그런 일이 실제로 일어났다. 두 미국 아마추어 참가자인 재커리 스테판과 스티븐 크램튼이 잭스ZackS라는 이름으로 참가해 평범한 컴퓨터로 토너먼트에서 승리했다. 그것은 모든 참가자들에게 엄청난 충격을 주었다.

개리 카스파로프가 이에 대해서 상황을 분석한 뒤에 《체스 2.0*Chess 2.0*》과 《체스 마스터와 컴퓨터(*The ChessMaster and the Computer*)》에 기고를 했다. 그 내용은 두 승자들이 게임의 전략을 세우는 데 집중했고, 컴퓨터는 전술적 이동을 계산하고 단순한 실책을 방지하는 데만 활용했다는 것이다. 개리는 "'약한 인간+컴퓨터+향상된 프로세스 조합'이 강력한 컴퓨터 1대보다 더 우월하며, 더욱 놀랍게도, '실력이 뛰어난 인간+컴퓨터+열악한 프로세스의 조합'보다 더 우월하다"는 결론을 내렸다.[2]

그러한 조합은 '무적' 같다. 이는 복잡도가 증가하는 새로운 도구에 적응하는 인간의 능력을 보여주기 때문이다. 더 중요한 것은, 이로써 인간의 창의성에는 한계가 없는 것처럼 보인다는 점이다. 새로운 기술과 가능성이 나타나면, 인간은 바로 이 체스 게임의 예에서처럼, 풀어야 할 새로운 문제를 식별해내거나 오래된 문제를 풀어내는 새로운 해법을 찾아낼 것이다.

인간을 방정식 풀이에서 해방시키고, 더 많은 의사 결정을 기계가 대신하게 하는 개념이 아주 새로운 것은 아니다. 제조업 분

---

2 Garry Kasparov, "New in Chess," Chess 2.0, May 2005. Also Garry Kasparov, "The Chess Master and the Computer," *New York Review of Books*, February11, 2010. http://www.nybooks.com/articles/archives/2010/feb/11/ the-chessmaster-and-the-computer/

야야 말로 이미 오래 전부터 인간보다 사물이 더 빨리 움직이기 시작한 일례라고 할 수 있다. 기계는 일반적으로 사람보다 빠를 뿐만 아니라 더 정확하고, 피로로 인해 야기되는 사람의 실수를 극적으로 최소화할 수 있다. 원격제어 센서 덕분에 우리 주변의 사물들이 더욱 똑똑해지면서 기계가 더욱더 많은 일들을 담당하게 될 것이다.

이런 흐름을 타고 오는 것 중 가장 놀라운 것이 자율주행자동차(self-driving car)이다. 애스트로 텔러는 이렇게 말한다.

그리 멀지 않은 장래에 자율주행자동차가 사람들이 운전하는 차보다 더 많이 중요해질 겁니다. 사람이 직접 차를 운전하는 것은 무책임하고 유행에 뒤쳐진 일이 되겠지요. 다음 10년 동안에 분명히 그런 일이 일어날 겁니다. 저는 아주 확신합니다. 구글이 하든 말든, 합리적인 사람이라면 동의하지 않을 수도 있지만, 저는 그런 일이 확실히 일어나리라 봅니다.

실제로, 구글엑스Google-X 무인주행자동차 프로젝트는 자율화된 차량이 제한속도를 따르면서 교통 상황을 헤쳐 나가는 것을 시연한 바 있다.

이것은 단지 말 그대로 빙산의 일각에 불과하다. 항공 교통 관제는 가까운 시간 내에 더 많은 자동화를 볼 수 있는 또 하나의 영역이다. 그러니까 교통 관제 과정에서 항공기가 인간을 배제하고서 지상과 항공기 상호 간 더 잘 교신하는 방법을 배울 테니 말이다. 애스트로 텔러는 이렇게 말한다.

"난해하고 크고 분산된 문제들을 풀기 위해 사람과 컴퓨터 사이에서 이루어지는 리듬, 스타일, 상호작용의 형식들이 본질적으로 변하고 있지요. 저는 그런 것이 큰 뉴스거리가 되는 분야들이 많을 거라는 데에 돈을 걸 수 있습니다."

마찬가지로, 우리는 자가조율(Self-tuning) 기계를 떠올려볼 수 있다. 이는 기계가 센서 정보와 클라우드가 제공하는 정보를 사용해 스스로를 업그레이드하고, 정밀하게 조정하고, 보정하는 작업을 하는 경우를 말한다. 이미 우리는 컴퓨터와 스마트폰을 수동으로 업그레이드하지 않는다. 그러지 않아도 컴퓨터와 스마트폰이 자동으로 최신 버전으로 유지되기 때문이다. 또한 IoT 디바이스와 관련해서도 이러한 일이 역시 시작되고 있다. 예를 들면 미국 캘리포니아 주에 있는 전기차 제조사인 테슬라는 이동통신 모듈을 장착하여 운전자가 언제나 최신 펌웨어를 무선으로 받을 수 있게 해준다. 아직은 사용자가 업그레이드를 수동으로 시작해주어야 하지만, 장래에는 자동차가 스스로 알아서 자신을 돌볼 것이다.

기계가 더 똑똑해지고 인간의 개입이 덜 필요하게 될수록, 생산성에 중대한 영향을 미칠 것이다. 시스템 장비 유지보수 사업

(equipment servicing business)에 관해 스티브 파졸은 다음과 같이 말한다.

> 역사적으로, 수동식의 경우라면 직원 1명이 1개월에 60개 현장만을 다룰 수 있었을 겁니다. 이는 반나절마다 새로운 현장 1곳으로 간다는 이야기입니다. 한편으로, 만약 제가 그러한 현장들에 연결되어있고, 제가 어디로도 가지 않고서 1개 현장에 계속 머물 수 있다면, 300개 현장을 관리하는 직원 1명을 가진 셈이지요. 실제로 문제가 발생했을 때에만 해당 현장으로 간다든지, 전문가나 현지 인력을 파견한다면, 그것 또한 훨씬 더 나은 고객 서비스로 이어질 거고요. 그와 같은 방식을 더욱 향상시킬 수 있다면, 개선된 고객 서비스를 제공할 수 있으리라고 생각합니다. 장비제조사에 IoT를 보급해놓는 것이 실제로는 더 싸게 먹히는 셈이라는 뜻이지요.

이러한 발전은 일자리에도 비슷한 영향을 미칠 수 있다. 그렇지만 전통적인 기술직이 사라져가는 대신에 새로운 일자리들도 생겨날 것이다. 예를 들어, 더 나은 정보와 예측이 주기적으로 등락하는 산업을 최적화해주며, 또한 그들이 경기 침체기를 더 잘 관리할 수 있도록 도와줄 것이다.

페기 스메들리도 기계가 점점 더 많은 의사 결정을 하게 될 거라고 생각한다.

> 어플리케이션은 점점 더 복잡해지고, 사용자는 긴 시간에 걸쳐 점점 더 복잡해지는 상호작용에 대해 보고받게 됩니다. 많은 사례에서 보듯이, 소비자들과 기업들은 한결같이 그 방정식으로부터 벗어나고 싶어하는 것 같습니다. 그 일이 지금 막 일어나려 하고 있고요. 그러니 사전에 정의되고 통제된 매개변수가 주어진다면, 기계는 많은 의사 결정을 할 수 있게 될 겁니다.

사물이 진화해가면서, 우리 자신에게 좀 더 나은 그림을 제시해줄 다방면의 소스로부터 우리가 정보를 수집하고 분석하는 법을 배우게 된다고 해보자. 그러면 우리는 RFID, 실시간 위치 시스템(RTLS, real-time location systems), 셀룰러, 위성 통신 등과 결합된 종합 자산 관리(total asset management)의 출현을 목격하게 될 것이다. 내가 아주 비싼 약품을 상자에 담아, RFID를 붙이고, 컨테이너에 넣은 다음에, 기차에 싣고 나서, 배에 선적까지 한 후에라도, 내가 그 약품 상자가 실린 바로 그 컨테이너, 그 기차, 그 배를 알고 있는 한은 그 컨테이너와 기차와 배를 실시간으로 추적해 잠재적으로는 그 비싼 약품까지도 추적해낼 수 있게 되는 것이다.

택배 회사인 페덱스FedEx가 우리에게 단지 업데이트된 배송이 정표만 제공해주기만 해도, 우리는 지금 할 수 있는 것보다 훨씬 더 나은 방식으로 페덱스 소포를 실시간 추적할 수 있을 것이다. 페덱스 소포가 나중에는 지능형 소포가 될 테고, 그러면 특정한 시간에 그 소포가 어디에 있는지 알게 되는 것은 물론, 그 소포에 관한 상황 정보를 수집해 배송이 지연되는지 또는 소포에 담긴 내용물이 안전한지도 알 수 있을 것이다.

핏빗Fitbit이나 바디미디어BodyMedia와 같은 신체 착용 디바이스로부터도 많은 상황 정보를 수집할 수 있다. 오늘날, 다양한 센서들에서 얻은 동작 패턴, 체열, 심박을 이용해서, 바디미디어 디바이스는 사람이 자동차를 타고 있는지 자전거로 운동하는지를 이야기해줄 수 있다. 더 많은 센서를 사용할 수 있게 되고, 더 많은 정보가 처리되고 분석되면, 개인의 행동을 더 잘 묘사하는 것도 가능해질 것이다. 애스트로 텔러는 말한다.

"우리는 사람들의 출퇴근 주기와 출퇴근하는 데 필요한 시간에 대해 알 수 있게 될 겁니다. 출퇴근이 수면이나 그 밖의 것들과 어떻게 연관되어 있는지도 파악할 수 있게 될 거고요. 누구도 이런 식으로 수백 명, 아니 수백만 명이나 되는 사람들을 살펴본 적은 없어요."

그렇더라도 좋은 적용 사례가 필요한 법이다. 이어지는 여러 장에서 우리는 더 많은 적용 사례에 대해 이야기할 것이다.

크리스천 부시도 이렇게 말한다.

"기술적으로 가능하다는 이유만으로 그런 물건이 생겨나리라고는 생각하지 않습니다. 저는 아직도 개인소비자를 위한 IoT의 성공적 적용 사례가 여전히 드러나지 않았다고 봅니다."

우리는 MIT의 산제이 사르마 박사의 클라우드 카cloud car와 클라우드 아바타cloud avatar라는 개념에 관해 사르마 박사 본인과 흥미로운 대화를 나누었다. 그는 이렇게 말했다.

사물들 간의 연결은 필연적으로 이루어진다는 걸 우리 모두 받아들이고 있습니다. 제 휴대폰이 제 차와 대화할 수 있어야 하고, 제 차는 우리 집과 대화할 수 있어야 하고, 그 밖의 것들도 마찬가지죠. 문제는 "어떻게 그렇게 할 거냐?"는 겁니다. 대부분의 사람들은 블루투스 장비끼리 연결시키는 방법을 모릅니다. 심지어 프린터를 컴퓨터와 연결시키는 방법도 모릅니다. 그들에게는 그런 게 짜증나는 일일 뿐이죠. 저는 집에 있는 컴퓨터와 프린터를 연결시키는 가장 짧은 경로(shortest path)는 컴퓨터와 프린터를 직접 연결시키는 게 아니라, 클라우드를 통해서 연결시키는 것이라고 생각합니다. 그러니까 제가 클라우드에 속한 제 컴퓨터에 접속하기만 하면 되는 거죠. 그리고 나서 제 컴퓨터 속의 아바타가 클라우드를 통해서 프린터에 말해주도록 시키면 되는 거죠. 사물에 관해 그런 식으로 생각해보면, 세컨드 라이프[3]의 개념이 연장되는 셈이죠.

우리는 이것이 '정말로 주목하지 않을 수 없는 전망'이라는 사실을 깨달았다. 그 전망이란 이런 것이다. 가령 클라우드에 연결된 기기들 중 어느 둘을 누군가가 브라우저나 전용 앱을 통해 들여다볼 수 있게 허용해주는 사람이 있다고 해보자. 그는 이 두 기기들 사이에 선을 그어주기만 하면 된다. 그러면 그 둘은 서로 연결될 테니 말이다. 그 기기들은 프로토콜protocol을 해석해낼 것이고, 필요하다면 적절한 펌웨어를 찾아낸 뒤 다운로드 받아 설치하고 나서 접속할 것이다. 더 이상 사용자가 개입하지 않고도 이 모든 일들이 끊김 없이 이루어질 것이다. 이러한 논리는 텔레비전이나 컴퓨터나 프린터나 기타 등등 어떤 가전기기에도 적용될 수 있다.

산제이가 이어서 말한다.

우리가 사용하는 패러다임이 결국 자명해질 겁니다. 이것은 브라우저에서 2개의 점 사이에 직선을 그어주는 것만큼 쉽지요. 우린 프린터를 연결해서 소리 내며 작동하게 할 수 있

---

3 Second Life, 세컨드 라이프는 린덴랩(Linden Lab.)에서 개발한 온라인 가상세계로, 2003년 6월에 런칭되었다. 세컨드 라이프 사용자들은 '뷰어(Viewer)'라는 다수의 무료 클라이언트용 프로그램을 이용하여 레지던트(Resident)라는 아바타를 통해 서로서로 상호작용할 수 있다. (출처: http://en.wikipedia.org/wiki/Second_Life) _옮긴이 주

습니다. 적어도 저는 준비가 됐어요. 그러려면 저는 제 컴퓨터에서 파일을 드래그해서 제 프린터로 갖다 놓거나, 클라우드상의 제 프린터에서 스캔한 파일을 클라우드상의 제 컴퓨터에 드래그해놓을 수 있어야 합니다. 제 컴퓨터는 드롭박스Dropbox와 서로 짝을 이루고 있습니다. 제 컴퓨터가 맥Mac이라 아이클라우드iCloud에 연결되었고요. 참 쉽지요? 결국 클라우드는 한자리에서 어떤 것이든 둘을 서로 맺어줄 수 있는 원스탑 샵one-stop shop의 일종이 될 겁니다. 기본 원리는 이런 겁니다. 다대다多對多로 직접 연결하는 대신에 클라우드와 일대일一對一로 연결하는 거지요. 그러면 클라우드 내에서 다대다 연결이 이루어지므로 여러 사물들을 관리할 수 있게 된다는 겁니다.

디바이스가 명확히 정의된 인터페이스를 가지고 있는 이상, 이러한 전망이 가능하다. 또한 그 어떤 것이든 다른 것과 연결할 수 있게 된다. 산제이가 덧붙여 말한다.

MIT에서 우리는 클라우드 카CloudCar라는 프로젝트를 진행했습니다. 제 자동차가 클라우드에 정확히 맞는 아바타를 가지고 있어서, 제가 여기서 하고 있는 것을 집에 있는 것들에도 할 수 있다는 뜻이지요. 제 차에 다가가 운전해보고 싶어하는 제 아들을 위해 다른 곳에서도 차 문을 잠그거나 열 수 있어야 한다고 생각합니다. 시동도 켜고 끌 수 있어야 하고요. 제 차를 자동차용 에어비앤비Airbnb 같은 것으로 전환하는 것과 본질적으로 크게 다르지 않지요. 에어비앤비에서는 제가 원할 때마다 누군가의 집에 있는 방을 빌릴 수 있습니다. 그러니까 자동차에 대해서도 거의 같은 걸 해볼 수 있겠다는 아이디어지요. '차에 앉아서 돈을 지불하기만 하면 된다'면 말입니다. 사람들이 로그인을 해서 누군가의 차를 빌리고, 20달러만 지불해버리면 그만이어야 합니다. 마치 그들이 자기 휴대폰을 사용하듯이 그렇게 할 수 있어야 합니다.

기술이 좀 더 유용해진다면, 미래에는 이처럼 대중성 있는 적용 사례들을 볼 수 있을 것이다. 그렇지만 이 전망은 3가지 핵심 사항을 제기하고 있다. 무엇보다도 먼저 누군가는 '사람들이 다른 사람의 자동차를 찾고 빌리는 과정 전체를 간단히 해낼 수 있는 방법'을 찾아내줄 필요가 있다. 두 번째는 사람들이 '자신들의 자동차를 보는 방식에 대한 패러다임을 바꾸어야' 할 필요가 있다는 것이다. 어떤 이에게는 자동차라는 것이 자신만의 개성을 드러내는 것(fashion statement)이거나, 지위의 상징(status symbol)이거나 하는 지극히 개인적인 물건이다. 그래서 그들은 자동차를 '전혀 모르는 타인들과 공유할 수 있는 도구'라고 생각하지 않는다.

세 번째는 '보안 문제'일 것이다. 누군가가 자신의 차를 해킹할 거라는 생각이 든다면 대부분의 사람들은 도망가버릴 것이다.

산제이 사르마는 에어비앤비닷컴Airbnb.com의 예를 들어 이전에는 생각조차 할 수 없었던 사물들이 어떻게 큰 사업거리가 되고, 한때 틈새시장이었던 것이 어떻게 주류시장(main-stream)이 되었는지에 대해 이야기했다. GPS로 언제든 추적 가능하도록 '연결된 자동차'인 클라우드카, 즉 커넥티트카라면 도난을 당하지도 않을 뿐더러, 설령 도난을 당하더라도 신속히 되찾을 수 있을 것이다. 이로써 타인에게 몇 번 정도 차를 빌려주는 것을 꺼리지 않을 사람들에 의한 충분히 큰 시장이 존재하게 된다.[4] 마지막으로, 보안 문제는 커넥티드 카와 커넥티드 홈 및 보안이 필요한 모든 것에 적용된다.

그렇지만 클라우드카의 개념은 그 이상이다. 내가 내 자동차용 API들을 공개하고 나면, 다른 서비스들이 내 허락하에 해당 API를 사용할 수 있는 것이다. 예를 들어, 자동차 대리점이나 정비소에서는 실시간으로 내 자동차 센서에서 나온 데이터 스트림을 이용할 수 있을 것이다. 그런 경우에 내 자동차의 산소 센서[5]가 제대로 작동하지 않는다고 판단했다는 메시지를 그 정비소로부

---

4 겟어라운드(Getaround)나 저스트쉐어잇(JustShareIt) 등과 같은 개인과 개인 간 직접 연결되는 카 쉐어링 서비스가 이미 가동 중이다. 이러한 서비스들이 성공할지는 잘 모르겠으나, M2M이 없었더라면 이러한 서비스는 가능하지 않았을 것이다.

5 자동차 배기가스 중 산소농도를 측정해 엔진 내 공기흡입량을 조절하는 계기다. _옮긴이 주

터 받을 수 있다. 그러면 나는 차를 정비소에 입고시키려고 할 것이다. 해당 정비소에서는 내가 사전에 열람을 허용해놓은 내 구글 캘린더를 살펴본 다음, 내게 금요일 오후 3시까지 방문해주면 2시간 내에 산소 센서를 교체할 수 있다고 알려줄 것이다. 산제이는 이렇게 덧붙였다.

"제 말의 요점은 제 자동차가 집이나 주차장에 홀로 주차되어 있다면 아무 일도 일어나지 않을 거라는 겁니다. 그렇지만 차량이 계속해서 클라우드에 자체 복제가 된다면, 이 모든 일이 가능해집니다."

자동차의 위치와 상태를 클라우드가 알아낸다면 더 많은 일도 가능해질 것이다. 예를 들어, GPS 데이터로 이동 거리를 계산하는 일만으로도 도로 통행료를 징수할 수 있게 될 것이다. 그래서 많은 비용이 드는 통행료 징수 시설을 더 이상 구축할 필요가 없어질 것이다. 이와 같은 식으로, 통행료 정산소와 같은 사물이 하드웨어적 사물인 상태에서 빠져나와 소프트웨어적 사물이 되면 더 적은 비용, 더 빠른 업그레이드, 더 빠른 설치 및 더 용이한 이용 등과 같은 모든 소프트웨어적 장점을 가질 수 있게 된다. 마지막에 언급한 '사용 용이성'은 특히 유용하다. 왜냐하면 하드웨어적 기반시설은 일단 구축되고 나면 그것이 사용자에게 불편하다는 점이 드러나도 변경하기가 쉽지 않지만, 소프트웨어라면 훨씬 더 쉽게 변경할 수 있기 때문이다.

자본 지출과 하드웨어 설치 시간을 들이지 않고도 새로운 서비스들을 신속히 개발해서 배포할 수 있는 것, 그것이 아마도 클라우드에 연결된 디바이스들의 가장 흥미로운 면일 것이다.

자동차 보험사는 자동차가 실제로 주행한 거리에 따라 자동차 보험료를 부과할 수 있다. 이러한 생각은 프로그레시브Progressive 사가 대중화시킨 운전습관연계보험(usage-based insurance)으로 이미 구현되었다. 주차 요금도 같은 방식으로 측정해 부과할 수 있다. 그러므로 주차요금정산기를 설치하지 않아도 된다. 산제이 사르마가 이어서 말한다.

그 점에 관해 우리가 지금 하고 있는 방식을 생각해보지요. 저는 MIT 주차권과 이지패스E-ZPass를 가지고 있어요. 그래서 자동차에 앉은 채로 이 모든 요금소를 통과하고 있지요. 보험사에서 제공하는 '프로그레시브 스냅샷Progressive Snapshot'을 다운로드해 가지고 있다면, 그 프로그램이 제 자동차가 무엇을 하는지를 살펴볼 겁니다. 저는 자동차를 잃어버렸을 때 추적할 수 있도록 로잭LoJack이라는 앱도 가지고 있을 겁니다. 어쩌면 청소년인 제 아이들이 자동차를 얼마나 빠르게, 또는 얼마나 안전하게 운전하는지를 파악하는 데 필요한 무언가도 가지고 있을 수 있습니다. 이런 아주 작은 것 하나로 이 모든 일을 할 수 있습니다. 그러면, 당신에게 필요한 것은 깨끗한 플랫폼뿐이라는 것을 우리는 깨닫게 됩니다. 그 플랫폼으로 사람들이 앱을 구동할 수 있게 되고, 그 외 모든 사물들이 마치 한 옷걸이에 같이 매달려있는 것처럼 보이겠지요.

산제이는 또한 "클라우드 모델을 사용하면 소프트웨어와 서비스 개발 과정에서의 위험을 최소화할 수 있다"는 재미있는 전망도 내놓았다.

예를 들면, RFID는 특정한 화물운반대(팔레트pallet)를 특정한 트럭으로 옮기라고 물류 소프트웨어 시스템에 이야기하는 거지요. 그러니까 RFID의 비전은 세상이 서로 교신하게 한다는 겁니다. 예를 들어, "이봐요, 그 화물운반대가 그 트럭에 실리지 않았어요. 엉뚱한 트럭에 실렸어요!"라고 말한다고 해봅시다. 그렇지만, 기본적인 가정은 "물류 회사에서 사용하는 오래된 기업용 기간계 소프트웨어 시스템(legacy enterprise software system)은 세상과 소통하지 않는다"는 겁니다. 그렇게 할 만한 방법이 전혀 없으니까요. 당신의 대형 컴퓨터 시스템 인터페이스는 세상이 당신과 소통하려 하지 않는다고 가정하지만, 앞으로 다가올 최신 기술은 세상이 당신과 소통할 수 있게 해줄 겁니다. 그렇다면 당신은 어떻게 하시겠습니까? 당신은 그 기술을 다르게 바꾸거나, 아니면 그 비전과 타협해야 할 겁니다.

새로운 어플리케이션이나 새로운 기술은 매번 오래된 것들과 직면하기 마련이다. 그래서 최소한의 공통 분모라도 찾아내어 그 것들과 통합하는 식으로 절충시켜야 한다. 그렇지만 산제이의 말 대로라면 더 이상 절충시키지 않아도 될지 모른다.

이러한 모든 절충과는 별개로요, 'IT 통합(IT integration)'이 라는 건 잘못된 용어입니다. 당신이 해내고자 시도하는 것은 절충을 다루는 것과, 그 절충을 다루기 위한 코드를 작성하 는 일입니다. 저는 근본적으로 IT 통합이 사라질 것이라고 생 각합니다. 세일즈포스닷컴Salesforce.com의 모델처럼, 모든 것 이 클라우드로 진행되고 있다는 게 제 생각입니다. 사물이 더 욱 표준화되고, 더욱 더 많은 사물들이 그러한 표준을 받아들 이거나 떠나거나 해야 할 겁니다. 사람들은 오류가 있는 소프 트웨어를 실행하는 장치를 사용하지 않겠지요. 소프트웨어 분 야에 근본적인 변화가 있을 겁니다. 전통적인 소프트웨어로 는 그러한 변화를 다룰 수 없습니다. 제가 말하고자 하는 바 는 전통적인 소프트웨어를 잊어버리고, 그것과 통합하려고 애 쓰지도 말라는 겁니다. 그런 노력은 마치 낙타 등에 스포츠카 인 마세라티Maserati를 실어보려는 노력과 같습니다. 당신은 당신이 그 일을 처음부터 하고 있었던 것처럼 생각해주기를 바랄 수도 있겠지요. 하지만 사실 사물인터넷이 단지 1퍼센트의 정보만을 더해주는 것이 아니라 그보다 100배는 더 많은 정보를 추가해줄 테니, 당신이 기존의 문제 해결 방식을 고수하는 대신, 차라리 그 일에 맞춰 직접 설계하는 편이 좋을 거라는 말이기도 합니다. 이는 클라우드로 곧장 가서는 당신과 제가 동의할 수 있는 모든 방식으로 일을 처리하는 게 현대적일 것이라는 뜻입니다.

우리는 이러한 전망이 흥미로우면서 자극적인 발상임을 깨달았다. 우리는 현재 이미 IT의 소비자화(consumerization) 조짐을 목격하고 있다. 직원들은 자신들의 기기를 회사로 가지고 올 뿐만 아니라,[6] IT 부서를 완전히 우회하면서 에버노트Evernote나 드롭박스Dropbox 같은 클라우드 기반의 업무용 도구를 사용하고 있다. 팀들은 클라우드 기반 프로젝트 관리 소프트웨어인 아사나Asana로 협업하고 있다.

대부분의 혁신은 기업의 IT 부서 밖에서 벌어지고 있다. 결국 기업 IT 조직의 역할은 "기업이 소유한 어떠한 정보도 대중에게 유출되지 않도록 보안성과 안전성을 어떻게 높일 것인가?"라는

---

6 BYOD(Bring Your Own Device)라고도 한다. 개인의 스마트 디바이스를 업무용으로 활용하는 것이다. _옮긴이 주

과제를 해결하는 방향으로 축소되고 있다. 또한 IT 조직들은 (대부분 스타트업들이 개발한) 이러한 새로운 클라우드 기반 업무용 도구를 그들의 오래된 시스템과 통합시킬 방법을 찾고 있다. 하지만 스타트업들이 만들어내는 혁신의 속도를 따라잡는 것은 매우 어렵다.

교육 분야에서도 비슷한 경향이 나타나고 있다. MIT와 하버드 대학이 후원하며, 클라우드 기반 학습을 제공하는 비영리 기구인 MITx가 그 훌륭한 사례다.

대부분의 혁신이 이미 클라우드에서 일어나고 있으므로, 우리는 거의 동일한 트렌드가 사물인터넷에서도 벌어지고 있음을 알 수 있다. 예를 들어, 여러 실시간 위치 서비스(RTLS) 제공 기업들이, 병원의 IT 부서를 거치지 않은 채 자신들의 서비스를 클라우드에서 제공한다. 그 기업들과 했던 인터뷰에서, "병원 내의 IT 부서와 관계를 덜 맺을수록 자신들의 프로젝트를 더 싸고 더 빠르게 구현할 수 있다"는 말을 지속적으로 들을 수 있었다. 자산 추적과 감시 서비스를 제공하는 회사들 중 대부분이, IT 부서를 다시금 무시하면서, 훨씬 더 비용 대비 효율적이며 정확한 솔루션을 SaaS 방식으로 제공하고 있다.

연결과 정보의 보안성에 관해서도, 산제이 사르마는 클라우드 서비스가 기업 IT 부서가 제공했던 수준보다 보안성이 결코 낮지는 않다고 믿는다.

저는 그와 같은 외주에 의한 혁신이 실제로는 보안성을 강화시킨다고 생각합니다. 각 회사가 보유하고 있는 '우수한 경험을 가진 전문가'는 고작 몇 명에 불과할 테니까요. 저는 그 기업의 IT 부서에서 20년간이나 일해온 4명보다는 아마존 웹 서비스Amazon Web Services와 같은 회사에 있는 1,000명을 차라리 더 신뢰할 것 같습니다. 클라우드 회사들은 가장 최신의 보안 프로그램이 업데이트된 가장 최신의 기업용 소프트웨어를 가지고 있을 겁니다. 당신이 엄청난 테라바이트의 데이터를 생성하는 센서들과, 해석하고 분석해야 할 엄청나게 많은 데이터를 가지고서 무엇인가를 하고 있다면, 이것을 어느 정도 사실로 받아들일 수 있을 겁니다.

사실, 내부 IT 부서는 이렇게나 많은 양의 데이터를 다룰 능력이나 역량을 가지고 있지 않을 수 있다. 클라우드 서비스는 이렇듯 신속한 소프트웨어의 개발·배포를 가능하게 해주기는 한다. 하지만 IoT에 대해서 반복해서 말하자면, 하드웨어는 여전히 큰 병목 상태를 유발하고 있다. 문제는 파편화에 있다. 특정한 형태로 된 수천 개의 디바이스들, 또는 심지어 5만 개씩이나 되는 디바이스 단 1개 종을 만들어내려고 하는 경우에, 회사 측면에서 그 투자의 정당성을 확보하기가 매우 어렵다. 많은 IoT 사례에서 맞춤형 하드웨어가 요구되고 있다. 처음에는 특정한 적용 사례가 얼마나 커질 것인지가 명확하지 않기 때문에, 디바이스는 비싸지고 반복 생산도 어려워지는 것이다. 우리는 다가오는 수년 동안에 IoT 하드웨어 분야에서 많은 혁신이 일어날 것이라고 믿는다.

우리가 미래를 투영해본다면, 클라우드 서비스가 소프트웨어에 했던 바로 그 일을, 아주 유망한 기술이 하드웨어에도 해낼 수 있으리라는 것을 예측할 수 있을 것이다. 그중 하나가 3D프린터다. 3D프린터를 사용하면 프로토타입을 실시간으로 빠르게 만든 뒤 재빨리 현장 실험을 해볼 수 있다. 3D프린터가 진화하면 맞춤형 디바이스들을 소량으로 신속하게 만들어볼 수도 있을 것이다. 3D프린터는 기계 분야에서 매력적인 개념이며, 전자적 분야에서도 흥미로운 일들을 일으키고 있다. 3D프린터에 의해 무기인쇄전자 (inorganic printed electronics) 분야에서도 많은 혁신이 일어나고 있다. 산제이 사르마는 "3차원인쇄전자(3-D print electronics) 산업도 현실화된다면, 그로부터 7~10년 뒤에는 IoT 디바이스 분야에서 상업적으로 이용될 겁니다"라고 말했다.

여기서 문제는 모뎀, 프로세서, 메모리칩과 같은 전자 부품의 복잡성만이 아니다. 규모도 문제다. 그러니까 "소규모 주문형 인쇄에서 수백만 개에 이르는 상용 인쇄 수준으로 얼마나 빠르게 전환해낼 수 있느냐?" 하는 것이다. 우리는 이러한 문제들이 앞으로 여러 해에 걸쳐 성공적으로 해결될 것이라고 믿는다. 또한 우리는 IoT 하드웨어 분야에서의 새로운 돌파구를 몇 년 내에 목격하게 될 것이다.

애스트로 텔러는 IoT 하드웨어의 미래는 지난날 PC와 이동전화 단말기에서 벌어졌던 일과 크게 다르지 않게 전개될 것이라고 믿는다. 그는 이렇게 말한다.

> 하드웨어의 규모를 조절하기보다 소프트웨어의 규모를 조절하기가 더 쉽습니다. 휴대폰 분야와 PC 분야에는 다양한 하드웨어 제조사가 있었지요. 지금은 그 회사들의 이름도 잊어버렸지만요. 그들 중 대부분은 규모를 조절하지 못해 나가떨어졌지요. 하지만 당시에는 누가 승자가 될지 알 수 없었습니다. 바로 지금 모두가 자기들만의 독자적인 하드웨어를 굴리고자 하는 이유도, 하드웨어를 만들고 싶어서가 아닙니다. 당신은 여기 이 실리콘 밸리를 오르내리는 동안에 웨어러블 신체 모니터링 일을 하는 회사를 20개나 발견하게 될 겁니다. 그들은 하드웨어를 전혀 모릅니다. 심지어 하드웨어를 좋아하지도 않습니다. 그래서 당신은 더 많은 돈을 벌 수 있을 겁니다. 그들이 하드웨어를 제조할 역량이 없다면, 그들은 정말로 하드웨어를 제조하지 않을 테니까요.

> 몇몇 디바이스 제조사들의 API들이 충분히 사용할 만한 수준이 되자마자 당신은 본질적으로 하드웨어 시장에 신규 진입자

가 더 이상 없다는 사실을 목격하게 될 겁니다. 적어도 누군가가 급진적으로 좋은 아이디어를 가지고 있고, 디바이스 세계에서 최고가 되기를 원하는 경우가 아니라면 말입니다. 모든 신규 진입자는 소프트웨어만을 제작하는 진입자로 시작하면서 기존 하드웨어 위에 올라타려고 할 겁니다. 그런 다음에는 당신이 착용할 수 있는 무언가를 생산하고 있는 50개 회사들과 경쟁을 벌이게 될 겁니다. 시간이 지나면서 그들 중 3~4개를 제외한 모두가—PC에서 그랬듯이—떨어져나갈 겁니다. 이러한 현상은 정확히 휴대폰에서도 일어났습니다. 어쩌면 조본Jawbone이, 어쩌면 핏빗Fitbit이, 어쩌면 바디미디어BodyMedia가 이길 수도 있습니다.[7]

산제이 사르마가 지적하듯이, 사물인터넷을 위한 정보 기반 구조와 관련된 중요 도전 과제가 지금도 여전히 남아있다. 특히 데이터의 양이 100배 이상 증가할 것으로 예상되는 경우에 더욱 그러하다. 글렌 올멘딩거는 우리가 공통 표준에 동의하기 전에 정보 중개(information brokerage)가 상당히 필요하다고 생각하고 있다. 우리가 엄청나게 많은 센서들에서 나온 입력값들을 획득하기 시작하면, 시스템은 해당 정보가 어디서 비롯되었는지, 어떤

---

7 이 인터뷰 뒤, 이 책이 발간되기 바로 전에 바디미디어는 조본에 매각되었다.

정보를 가지고 있는지를 인식할 방법이 필요하게 된다. 즉, 메타데이터metadata가 필요한 것이다.

예를 들어, 내가 외주 개발자라면, 나는 신체측정기나 모든 의료 장치에서 비롯된 정보가 어떤 방식으로 코딩이 되었는지 알고 싶어할 것이다. 글렌이 말한다.

문제는 거기에 '지극히 단순하게 만들어주는 정보 아키텍쳐 표준'이 아예 없다는 겁니다. 여기서의 전형적 장애는, 당신이 정보의 그런 분산된 유동적 움직임 속으로 들어가보고자 할 때, 당신에게는 일종의 사전(dictionary) 같은 것이 있어야만 한다는 겁니다. 그 사전이란 파키스탄의 스미스 거리가 미국 와이오밍 주의 스미스 거리와 같은 것인가를 알 수 있게 해주는 그런 것이지요. 그것은 명명법/의미론(nomenclature/semantics)의 이슈입니다. 그런 모든 종류의 정보 식별자(Information Identifier)들, 아이덴티티identity를 생성하는 사물들, 공유 아이덴티티(shared identity)를 생성하는 사물들, 이종異種(heterogeneous) 데이터들 간의 아이덴티티를 생성하는 사물들, 이 모든 것들이 넘어야 할 거대한 장애물입니다. 우리가 그 문제를 해결할 방법을 찾아냈다고 가정하고, 우리가 그 사전(dictionary)의 필요성에 전적으로 동의할 수 있다고 그냥 간단히 말해버리고 나면, 다음 문제는 해석과 가치 측정입니다. 다른 말로 하자면, 우리가 미래에 이야기하게 될 것들은 모두가 실시간 상태 기반 시스템(real-time state-based systems)이라는 것입니다. 제가 어떻게 설명하는 것이 가장 좋을지는 잘 모르겠네요. 여기서 아마도 빠져있는 것이 중개단(brokerage layer)인 것 같습니다. 중개단으로 사람들이 가치를 측정할 수 있게 되고, 공유 데이터의 활용성도 측정할 수 있게 됩니다. 그러니까 제가 그 사전을 입수한 다음에는 브로커broker가 필요하겠지요.

케빈 애시턴에 따르면, 사물의 아이덴티티를 다루는 것이 사물인터넷에 관한 비전과 RFID 표준을 개발하는 주원인이었다. "물리 세계에 존재하는 객체들이 그 자신이 무엇이고, 그들이 통일된 방식으로 무엇을 하고 있는지를 보고하게 해주는 범용의 부호체계를 가진다"는 사실은 절대적으로 중요하다. RFID 이외에 급속히 확산되고 있는 센서나 디바이스와 같은 사물인터넷 세상을 만들어내려면 역시 동일한 개념이 필요하다. 또한, 불과 얼마 뒤에는 인터넷상에서 기계가 만들어내는 데이터의 양이 인간이 생성한 데이터의 양을 추월할 것이라는 사실을 고려해본다면, 제대로 된 해석 알고리즘을 보유하는 일도 절대적으로 필요하고 또 불가결할 것이다.

글렌 올멘딩거가 이어서 말한다.

만약 내게 사전과 브로커가 있다면, 저는 이 모든 데이터와는 전혀 다른 막대한 양의 잉여가치를 창출해낼 수 있습니다. 다시 말해서, 벽에 있는 전기 플러그의 예로 되돌아가보지요. 일단 저는 전기를 켜고 끌 수 있으며, 필요한 시점에 적정 수준의 전기를 구매할 수 있는 기능이 주된 가치인 사물을 가지고 있다고 할 수 있겠지요. 제가 가전기기 제조사라면, 예를 들어 40세에서 55세 사이의 독신 여성이 세탁기를 하루에 몇 번이나 사용하는지를 알아낼 수 있을 겁니다. 병원을 예로 들자면, 환자가 병원 내를 통과하면서 다수의 장치들과 접촉하는 과정을 통해 해당 환자의 사용자 경험(user experience)을 최적화할 수 있고요. 물론 그렇듯 공유되는 엄청난 양의 데이터로 모든 병원 시스템이 실시간으로 상황을 인지할 수 있게 됩니다. 이를 통해서 자연스럽게 환자가 병원을 전반적으로 경험하는 데 소요되는 시간을 더 효율적으로 쓸 수 있게 되지요. 아울러 그와 관련된 기록의 추적 수준도 높아지게 됩니다. 당신이 주목하고 있는 것이 경제의 어떤 분야인지는 사실상 중요한 문제가 아닙니다. 설령 그것이 땅에서 캐내 생산 시스템 안에 집어넣은 원재료에 관한 분야이든, 이러한 생산 시스템 안을 관통하는 물류에 관한 분야이든, 또는 그러한 사물이 가지게 된 서비스 가치를 전달하는 분야이든 말이지요. 일단 당신이 사전과 브로커를 확보한다면, 당신은 실로 미친듯이 무한한 양의 새로운 비즈니스 모델을 만들 수 있는 능력을 가지게 되는 겁니다.

우리는 'IoT 정보의 중개(information brokerage)'가 이 분야에서 가장 의미 있는 기회라는 주장에 동의한다. 그것을 통해서, 우리는 다수의 플랫폼에 걸쳐진 정보의 동질성(homogeneity)을 더 많이 확보할 수 있을 것이다.

예를 들어 현재 쓰이는 웨어러블 디바이스들을 살펴보면, 단일하게 주어진 어느 작업에만 잘 맞는 옵션상품들이 많다는 사실을 알 수 있다. 어떤 것은 체중 관리에 유용하고, 또 어떤 것은 임상 심박수 모니터링에 적절하며, 그리고 어떤 것은 혈당 측정에 좋다. 이것이 한편으로는 그럴 듯 하게 들리지만, 다른 한편으로는 환자나 소비자가 여러 개의 디바이스들을 자기 몸에 기꺼이 착용하고 다니게 될 것이라고는 상상하기 어렵다.

애스트로 텔러는, 우리가 스마트폰용 앱스토어를 사용하듯이 통신형 디바이스용의 앱스토어를 사용하는 방향으로 가고 있다고 생각한다. 누군가는 스마트폰에서와 같은 사용자 경험을 가지고, 자신의 요란스럽지 않은 신체착용형 디바이스에 체형관리용이나 심박측정용 앱을 내려받을 것이다.

애스트로는 이렇게 말한다.

매치닷컴Match.com을 예로 들어보겠습니다. 누군가가 매치닷컴에 올라가는 조그만 위젯을 제공할 것이고, 그러면 그 어플리케이션은 신체측정기가 API를 거쳐 보내오는 정보를 끊김 없이 사용하겠지요. 그리고 이를 통해 당신의 분위기나 운동 타입을 매치닷컴에서 공유해서, 당신에게 더 잘 맞는 상대방을 찾아낼 수 있도록 도와줄 겁니다. 그러니까 아이폰용 또는 안드로이드용 API가 기술적으로 전혀 다른 2개의 플랫폼들상에서 '앵그리버드'의 새 버전 같은 게임을 할 수 있게 해주는 식이라고 생각하면 됩니다. 이는 이 세계에서 살아남기를 바라는 모든 신체측정기에는 심사숙고해서 만들어진 어플리케이션 인터페이스가 있어야 한다는 것을 의미하지요. 그러니까 그것들에는 API와 SDK 같은 것이 있어야 한다는 뜻입니다. 그 소프트웨어 개발 키트는 아이패드나 삼성 갤럭시 태블릿 속에, 그리고 그 모든 사물들에 들어가게 되겠지요.

애스트로텔러는 유사한 일들이 이미 벌어지고 있다고 한다. 바디미디어, 핏빗 및 그 밖의 많은 회사가 벌써 SDK를 제작하고 API를 공유하고 있다. 그는 말한다.

지금은 그 가장자리가 다소 거칩니다만, 지금으로부터 2년쯤 후에는 의미 있는 생태계가 생길 겁니다. 오늘부터 딱 2년 후에 말입니다. 기본적으로 지금도 API가 있기는 하지만, 그래도 API는 더 좋아져야 합니다. 물론 생태계가 확대되려면 어느 정도 시간이 필요하지요. 오늘날 바디미디어가 한 해 동안에 수십만 개나 되는 팔찌를 팔고 있는 바, 바디미디어는 그것에 더해서 그럴듯한 소프트웨어 어플리케이션을 구축하기 시작했습니다. 그들이 연간 수만 개 정도씩 판매하던 시절에는 그럴만한 가치가 없었지요. 몇 년 안에 신체착용형 디바이스는 연간 수백만 개나 팔리게 될 겁니다. 당신은 "좋아요. 우리도 어플리케이션을 만들어봅시다. 우리는 최대의 볼륨과 최고의 API, 최상의 기반 하드웨어를 가지고 있는 것으로 보이는 2~3개의 플랫폼을, 50개가 아니고요, 선택해서, 그중 일부에 투자할 겁니다"라고 말하는 작은 소프트웨어 회사를 상상해볼 수 있을 겁니다. 과거를 떠올려보세요. 지금은 많은 수가 사라져버렸지만, 옛날에는 아주 많은 각기 다른 종류의 브라우저들이 있었지요. 그리고 대다수의 사람들이 그중 2개만을 기반으로 개발했지요. 여기서도 비슷한 일이 일어날 겁니다.

회사들, 조직들 그리고 디바이스 제조사들 간에 정보가 공유된다면 사물인터넷 분야에서 급격한 도약이 필연적으로 벌어질 것이다. 시스템이 더 많이 개방될수록, 다른 이들도 정보의 가치를 발견해내고 그 가치에 기반한 어플리케이션을 구축하는 것을 가능하게 해주는 더 많은 혁신도 일어날 것이다.

글렌 올멘딩거는 개방형 시스템에 대한 큰 확신을 가지고 있다. 그는 이렇게 말한다.

이게 간단히 하기 어려운 주제이지만 굳이 단순화를 한다면 말이지요, 어떠한 어플리케이션 상황에서든 당신이 측정해내려는 사물이라는 것이 근본적으로 그 데이터를 같은 종류의 기능이나, 어플리케이션이나, 비즈니스 또는 기타 다른 것들에 얼마나 자유롭게 사용될 수 있도록 해줄 것이냐에 관한 주제라 할 수 있습니다. 애플과 구글은 반폐쇄형(semiclosed) 시스템을 만들기 위해 상당한 도구들을 준비해두었습니다. 제가보기에, 페이스북은 엄청난 양의 사용자 생성형 콘텐츠(user-generated contents) 가치를 보유한 진정한 폐쇄형 시스템입니다. 디바이스에 의해, 또는 사람에 의해, 또는 이 둘 모두에 의하거나, 또는 그들 사이의 상호작용에 의해 컨텐츠의 생성을 가능하게 해주는 이런 시스템에 당신이 디바이스를 도입하게 되는 미래 세계를 상상해볼까요? 아마 거기에서는 개방데이터의 공유를 위한 거대한 기회가 창출되고 있을 겁니다.

예를 들어, 병원에 있는 설비를 수리하는 것과 같은 아주 간단하고 기초적인 문제를 생각해봅시다. 당신은 '몇 명이나 되는 사람들이 부가가치를 만들 수 있는 방식으로 그 설비와 접촉할 수 있는지'를 살펴보겠지요. 만약 당신이 그 설비의 사용에 관한 정보를 완전히 개방해준다면, 당신은 병원에서 그 설비의 공급자, 외주 유지보수 서비스 제공자, 실제적 제조사, 그리고 그 설비의 사용에 관련해 접촉 할 필요가 있는 모든 사람들 모두를 충분히 통합할 수 있을 겁니다. 그러면 그러한 정보를 공유해준 모든 이들에게 어떻게 보상해야 할지에 대한 생각을 잊어버리기도 전에 당신은 거대한 복합적 가치를 창출해낼 겁니다.

물론, 이와 같은 사물들은 당연히 보안성과 명료성을 갖춰야 한다. 또한 데이터에 접근할 수 있도록 허락을 받은 사람과, 접근할 수 있는 상황에 관한 분명한 규정이 있을 때에만 가능하다. 아울러 엄청난 양의 데이터가 처리·분석 되어야 하고, 이 데이터를 기반으로 한 의사 결정이 이루어질 수 있게 하며, 데이터가 피드백 루프feedback loop 전체를 돌아서 그 디바이스를 사용하는 소비자든, 의료 전문가든, 또는 그밖에 누구든 서로 소통할 수 있게 해야 한다.

이것을 해결해내는 회사야 말로 최초의 '1조 달러 기업(trillion-dollar company)'이 될 수도 있다. 그렇지만, 거기까지 이르려면 규제와 표준화라는 측면과 관련하여 많은 것이 필요하다. 그러는 동안에 사람들은 자유형 체스 토너먼트의 승자가 하던 것과 크게 다르지 않은 방식으로 많은 전략적 사고와 계획들을 진행해야 할 것이다.

다음 장에서 우리는 사물인터넷의 핵심 영역들을 들여다볼 것이다.

4장. 핵심 어플리케이션 영역

충분히 진보된 기술은 마술과 구별하기 어렵다.

_ SF 소설가 아서 클라크

　1998년, 많은 기업의 CEO들과 임원들이 그 당시 떠오르던 월드와이드웹World Wide Web이 그들의 비즈니스에 어떻게 영향을 줄지 궁금해했다. 바로 그때 니컬러스 네그로폰테가 《킬러 애플리케이션(Unleashing the Killer App)》의 추천사를 썼다.[1]

　주변적인 시각을 통해서 보면, 미래가 가장 잘 보인다. 때때

---

1 Larry Downes and Chunka Mui, _Unleashing the Killer App: Digital Strategies for Market Dominance_ (Boston: Harvard Business Review Press, 1998).

로, 비록 최상의 열정적인 집중력과 노련한 경험을 가지고 있더라도 앞만 똑바로 쳐다보다가는 큰 그림과 참신한 생각을 모두 놓치기 마련이다. 그것들은 우리가 생각해본 적도 없는 엉뚱한 곳에서 종종 비롯되기 때문이다. 아이러니하게도 당신이나 당신의 회사가 더 성공할수록 그렇듯 얼핏 보기에도 뻔한 아이디어조차 놓치는 경우가 더 많아질 것이다. 성공이 당신에게 오히려 가장 큰 적이 될 수도 있다는 것이다.

그 당시에 기업의 중역들이 묻던 질문은 "당신의 디지털 전략은 무엇인가?"였다. 오늘날, 우리를 둘러싼 물리적 세계에서 연결의 '라스트 마일'에 접근하고 있는 시점에서 할 질문은 "당신의 IoT 전략은 무엇인가?"이다. IoT는 1990년대에 웹이 했던 것에 못지 않은 영향을 모든 회사에 미칠 것이다.

이 장에서 우리는 사물인터넷 기술에 의해 와해되면서 크게 변하리라고 생각되는 몇몇 분야를 살펴볼 예정이다. 논의를 전개하기 위해서, 우리는 커넥티드 시티, 커넥티드 홈, 커넥티드 헬스, 커넥티드 카에 주목하기로 했다.

이 분야에 관한 토론에서 우리는 단지 그 겉만 긁고 있기는 하지만, 그것들로부터 사물인터넷이 담고 있는 것이 무엇인지에 관한 좋은 아이디어를 얻을 수 있을 것이다. 더 나아가서는 그것들을 통해 다양한 산업에 영향을 미칠 또 다른 혁신에 대한 상상도 불러일으킬 것이다.

커넥티드 시티

도시는 미래 성장을 위한 동력이다. 맥킨지 글로벌 연구소(McKinsey Global Institute)[2]에 따르면 앞으로 15년간 전세계 상위 600개 도시의 세계 GDP 점유율이 2배로 늘어날 것이고, 전세계 도시 거주 인구 비율도 지속적으로 높아질 것이며, 도시 거주민의 1인당 국내 총생산이 50퍼센트 이상 성장할 것이라고 한다. 도시 거주 인구는 2010년 35억 명에서, 2050년에는 62억 명으로 늘어날 것으로 보인다. 도시는 점점 더 커지고 더 부유해져간다. 이는 공공 안전, 전반적인 도시 물류 뿐만 아니라 에너지 소비, 교통, 주차 같은 영역에 관한 중대한 함축적 의미도 내포하고 있다.

다행히도, 지속적으로 진보해온 IoT 기술의 도움으로 우리의 도시들 역시 더욱 똑똑해지고 있다. 센서들과 실시간 무선 통신이 더 나은 에너지 관리, 교통 최적화, 빌딩 자동화를 가능하게 해준다.

앤서니 플린트[3]는 '애틀랜틱 시티스The Atlantic Cities'라는 웹 사

---

2 McKinsey Global Institute, *Global Cities of the Future: An Interactive Map* (2012). http://www.mckinsey.com/insights/economic_studies/global_cities_of_the_future_an_interactive_map

3 앤서니 플린트는 링컨 토지 정책 연구소의 선임연구원이며, 메사추세츠 주 게임브리지 시의

이트에 다음과 같이 썼다.

"스마트시티는 단지 사람들이 주차장을 찾는 데 도움이 되는 것만은 아니다. 그것은 개발도상국의 도시들이 인구의 증가를 더 잘 관리하는 데 도움이 되도록 설계되고 있다. 인구 증가가 에너지 관리, 교통, 상수도 관리, 공중 위생 관리에 영향을 주고 있기 때문이다."

아사프 비더맨은 이렇게 말한다.

도시는 마치 공중에 둥둥 떠있는 컴퓨터처럼 되어가고 있습니다. 통신, 교통, 에너지와 관련된 모든 네트워크들은 더 나은 관리를 위해 디지털화되어가고 있습니다. 그렇지만 동시에, 그 네트워크들은, 실시간으로 도시에서 벌어지는 많은 일들을 당신에게 말해주는 거대한 신경 시스템이라고 생각해볼 수 있습니다. "사람들이 어디에 많이 모여있는가? 사람들은 어떻게 서로를 연결하고 있는가? 정보는 어떻게 흐르고, 자원은 어떻게 할당되고 있는가? 사물은 어디로 어떻게 움직이고 있는가?"와 같은 식입니다. IoT란, 자신들이 무엇을 하고 있고, 어디에 있는지를 당신에게 말해주는, 당신 주위의 객체들에 관한 것입니다. 이제, 당신이 개발자들에게 이 모든 데이터에

싱크탱크로 활약하고 있다. (출처: http://www.theatlanticcities.com/authors/anthony-flint/)

대한 개방형 API를 제공해준다면, 사람들은 그것을 가지고 놀면서 매시업[4]을 만들어내겠지요. 회사든, 개인이든, 시청이든, 아무튼 뭐라고 부르든, 그들은 도시에 관한 이 모든 데이터를 활용해 거대한 지식 축적을 개시할 수 있습니다. 웹Web이 그 스스로를 도시에 동화시켰던 것과 거의 같은 식으로 생각할 수도 있습니다. 그와 같은 융합은 매우 흥미롭습니다. 그것은 본질적으로 새로운 현상입니다. 20년 전만 해도 생각조차 할 수 없는 일이었습니다.

도시를 살아있는 거대한 유기체로 보는 개념이 새로운 것은 아니다. 예를 들면 독일 영화 감독 프리츠 랭의 1927년도 영화 〈메트로폴리스Metropolis〉에서도 묘사된 바 있다. 그렇지만 무선 기술과 통신형 디바이스와 센서를 사용함으로써, 역사상 최초로 이 개념이 비로소 현실화되고 있다.

아사프가 이어서 말한다.

이게 MIT의 센서블시티랩SENSEable City Lab이 주목하는 감지형 도시(sensible city), 즉 지속적으로 감지하고 반응하는 도시입니다. 그 안의 모든 것들은 다른 무엇인가와의 대화를 통

---

4 mash-up, 웹상의 다양한 컨텐츠·서비스들을 조합·융합해 새로운 컨텐츠·서비스를 창출하는 것이다. _옮긴이 주

해 나오게 됩니다. 그것들은 우리가 그것을 어떻게 설계하고 계획하고 관리하느냐에 달려있습니다. 제가 '우리'라고 지칭하는 말은 학계, 산업계와 모든 공직자들도 포함하고 있지만 주로 시민들을 뜻합니다. "환경이 어떻게 관리될 수 있는가?"라는 측면에서 갑작스럽게 환경에 대한 접점이 광범위해진 새로운 시기이기도 하고요.

실제로 교통, 오염, 쓰레기 관리, 에너지 등 도시를 둘러싼 다양한 센서들로부터 실시간으로 정보가 수집·처리된다는 조짐이 아주 확실히 보인다. 이는 정보민주화의 잠재력을 품고 있으며, 시민들에게 더 많은 권한을 부여해주고 있다. 그러한 민주화, 정보와 책임의 공유로 인해 많은 일들도 가능해진다.

아사프가 이러한 잠재성에 대한 흥미로운 전망을 공유한다.

갑자기, 우리는 권한을 위임받은 시민들로 구성된 고대 그리스 민주주의 시대로 거의 돌아가고 있습니다. 우리는 우리의 도시와 환경을 관리하는 방법을 배우면서 도시 생활에 영향을 미치고, 설계하고, 의사 결정을 하고, 제안할 수 있는 능력을 가지게 되었습니다. 사람들은 "더 좋은 곳으로 만들기 위해 당신이 할 수 있는 일은 무엇입니까? 그러니까 더 효율적이고, 안전하고, 깨끗하고, 그 밖의 것이 가능한 도시로 말이죠. 에너지 관리, 범죄 예방, 오염에 관한 새로운 사고방식은 무엇입니까?"라고 묻기 시작했습니다.

지방 정부가 반드시 정책을 집행하고 운영하는 일에 더 이상 초점을 맞출 필요는 없겠지만, 행정 활동에 좀 더 집중해야 할 필요가 있다면, 그것 역시 또 다른 문제입니다. 각 도시의 교통 관제 시스템을 탑다운 방식[5]으로 설계하는 대신에, 크라우드소싱[6]에 의하거나, 관련된 데이터를 가지고 있는 다른 도시로부터, 그러니까 스타트업start-up, 개인사업자, NGO, 기업, 아무튼 뭐라 부르든 그들에게서 나온 솔루션을 가진 도시로부터 얻게 된다면, 시 정부는 새로운 역할을 맡게 될 겁니다. 그것은 소수자들도 다수자들 못지 않은 서비스를 받을 수 있게 해주고, 예산이 올바르게 배정되게 해주며, 전문가와 기획자가 공공의 선을 위해 그들의 전문성을 발휘하게 해줄 것이 분명합니다. 여기에서 새로운 시민 의식이 생겨날 수 있습니다. 정부가 변화하고, 도시의 역할도 변화하게 됩니다. 또한 비즈니스 모델도 변화하게 됩니다. 새로운 비즈니스 모델은 당신이 그렇게나 많은 사물들을 서로 연결시키고, 그 사이에서 사람들이 움직이게 만들 때 비로소 가능해집니다.

---

5 top-down, 정책이나 의사 결정 또는 수행 과정에서 먼저 전체를 개괄한 뒤 세부 사항을 구체화하는 처리·접근 방식이다. _옮긴이 주

6 crowd-sourcing, 대중(crowd)과 아웃소싱(outsourcing)의 합성어로, 기업 활동 등에 주로 인터넷 등을 활용해 대중의 의견이나 아이디어를 참여시키는 방식이다. _옮긴이 주

우리는 이 전망이 매혹적이라는 사실을 알아냈다. 그러니까 "오염 지도가 어떻게 보이는지, 쓰레기가 어디로 가는지, 교통량과 대중교통에서 어떤 일이 벌어지고 있는지"와 같이 도시 거주민들이 도시 내에서 벌어지는 일을 간단히 알 수 있게 해줄 것이다. 이러한 모든 정보로 말미암아 시민들은 더욱 좋은 시민이 될 것이고, 자신들이 사는 도시를 더 좋은 곳으로 가꿀 수 있게 된다.

커넥티드 시티의 또 다른 큰 측면은 에너지 관리다. 액센추어 Accenture의 휴대제품·서비스 개발 담당 상무이자, 전 퀄컴의 제품 관리 담당 수석 이사였던 존 엘리엇은 "바로 지금 에너지에 관한 모든 것이 변하고 있습니다"라고 말한다. 그가 이어서 말한다.

그것을 바라보는 것은 정말이지 환상적인 일입니다. 지난 30~40년간 우리에게 필요한 에너지에 대한 해외 의존도가 지속적으로 증가해왔습니다. 우리가 지금 알고 있는 모든 것들이 기술의 비약적 발전에 의해 변화하고 있는 것입니다. 동시에, 지속가능성에 대한 정부의 비중 있는 투자가 신생 분야에는 실질적인 혜택을 가져다줍니다. 지속가능성에 대한 투자가 마이크로그리드[7]를 가능하게 한 것입니다. 예를 들어, 당신 지붕 위의 태양열 전지판에서 전력을 초과 생산했다고 가

---

7 microgrid, 소규모 지역 단위의 전력 자급을 위한 독립적 전력망 체계다. _옮긴이 주

정해봅시다. 당신은 그것을 이웃집의 전력 저장 장치(energy-dense capacitors)나 배터리에 저장할 수 있고, 그런 다음에는 이웃의 주문에 따라 판매할 수 있습니다.

태양이나 바람을 이용할 수 있을 때 전력을 생산하고, 주문에 맞춰 지역적으로 소비할 수 있게 하는 마이크로그리드 관련 아이디어의 출현과 관련하여 결정적인 역할을 한 것이 IoT 기술이다. 전력이 얼마나 생산되었는지, 얼마만큼의 초과 전력을 사용할 수 있는지, 얼마만큼 소비될지를 실시간으로 아는 일은 전기가 끊기지 않게 하는 데 절대적으로 중요하다.

커넥티드 홈

보다 더 바람직한 에너지 관리 이슈는 사람들이 사는 집에 대한 커넥티드 홈의 주제로 우리를 끌어들인다. 논의한 바대로, 개별 가정은 에너지 소비자일 뿐만 아니라, 필요 전력을 자체적으로 공급하고, 잠재적으로는 그리드grid로 잉여 전력을 판매할 수도 있는 에너지 생산자가 될 수 있다. 이런 방식으로 각 가정이 더욱 환경과 에너지에 대해 잘 알게 되어간다. 그렇지만 스마트한 커넥티드 홈은 그저 에너지를 효율적으로 관리하는 데 그치지 않는다. 그러한 집에 거주하는 사람도 더욱 안락하고 편안해질 수 있어야 한다. 조명, 온도, 스마트 가전기기, 보안, 엔터테인먼트 시스템을 더 잘 관리함으로써 커넥티드 홈은 사람들에게 딱 맞춰질 수 있다.

예를 들어, 집 안 어느 곳에 또는 어느 방 안에 사람이 있는지를 감지할 수 있는 지능형 자동온도조절기는 냉난방 장치를 완벽하게 끌 수도 있고, 사람이 있는 방에만 집중적으로 켤 수도 있다. 이 모두가 에너지 소비 효율을 향상시킬 뿐만 아니라, 사람들을 더욱 편안하게 만들어줄 것이다. 하루 중 시간대에 따라서, 또 방에 누가 있는지, 무엇을 하고 있는지에 맞춰서 조명은 자동으로 조도를 조절할 수 있게 된다.

애스트로 텔러는 한 걸음 더 나아가서, 실내가 너무 덥거나 너무 추울 때 가정 내의 시스템과 자동으로 통신하는 간편한 신체 센서를 통해서 조명이나 온도조절기 같은 사물들을 사람들이 제어할 수 있게 될 것이라고 생각한다. 사람들로 가득 찬 방에서는, 지능형 자동온도조절기가 사람들의 몸에 부착된 센서에서 읽어낸 정보를 모두 모아서 그 그룹의 평균 최적 온도를 정할 수 있을 것이다.

애스트로는 이렇게 말한다.

그것이 유비쿼터스컴퓨팅이고, IoT 인터페이스입니다. 그러니까 당신의 몸이 적절한 무엇인가를 통해서 세상을 향해 정보를 방사하고 있는 곳이지요. "저 여기 있어요. 제게 필요한 것은 이겁니다. 이게 제가 좋아하는 겁니다!"라는 식으로 말입니다. 중요한 것은 그것이 당신 몸에 있다는 점과, 그것이 밖으로 정보를 전송한다는 점, 그리고 지금은 드러내놓고 하고 있는 엄청나게 많은 일들이 암시적으로 바뀌게 될 거라는 사실입니다. 암시적으로 하게 만들려면 이 기계들 사이(M2M)의 대화가 장막 뒤에서와 같이 보이지 않게 만들어야 합니다.

마치 자동차에 연료가 다 떨어져간다고 자동차가 당신에게 알려주는 것과 아주 비슷한 방식으로, 스마트 가전기기는 생수, 주스, 우유와 같은 생활용품들의 소비 상황을 파악해서 떨어지지 않도록 알려줄 것이다.

존 엘리엇은 가전기기에 관해 다음과 같이 예측한다.

모든 주요 가전기기들이 연결되면서, 그로부터 나오는 정보의 가치는 그 가전기기 제조사들에서도 아주 유용하게 사용될 겁니다. 그들은 고객의 사용 패턴을 발견하려고 할 것이고, 나아가 연결을 유지하고 있는 그들의 설치 기반을 활용해서 부품 교환 관련 마케팅·공급망 관리의 개선 방안을 탐색하려고 하겠지요.

우리는 소비자 서비스 개선을 목적으로 가전기기가 모니터링·

수집하는 정보가 이러한 가전기기의 연결을 정당화시켜주리라 생각한다. 그것은 또한 수집된 데이터를 사용하는 것과 관련된 새로운 기회도 열어줄 것이다. 존이 이어서 말한다.

제가 언급한 예에서의 대표적인 적용 사례가 '가전기기 제조사들이 외부에 데이터를 판매할 수 있게 되는 기회'에 관한 것입니다. 하지만 장기적으로는 (가전기기 제조사 이외에도) 이런 데이터에 관심을 가질 또 다른 이들이 나타날 겁니다. 이미 구글과 같은 신규 진입자들 중 일부는 데이터의 가치를 아주 다른 관점에서 바라보고 있습니다. 그들이 이와 같은 기회에 눈을 떠가면서 더욱 비중 있게 투자하고, 일종의 가전기기 데이터를 위한 플랫폼까지 만들어내는 것을 우리는 지켜보게 되겠지요.

우리는 브리티시컬럼비아 대학의 '컴퓨팅, 정보 및 인지 시스템 연구소'의 소장인 파노스 나시오폴러스와도 이야기를 나눴다. 그 연구소의 주도적인 연구 과제 중 하나는, 환경적 영향을 줄이면서 거주자의 삶을 향상시키는 '지능형 거주 공간(smart living spaces)'을 만드는 것이다. 이를 위해서 그 연구소는 산업계·학계의 다양한 참여자들과 공동 연구를 진행하는 등 여러 전문 분야에 걸친 팀을 활용하고 있다.

우리는 집안의 냉장고가 토스터기에 명령한다든가, 커피메이커가 음식조리기에 지시하는 식의 전형적인 옛날식 커넥티드 홈에 관한 이야기를 나누었다. 이러한 형태의 연결에는 몇 가지 관점에서 타당한 이유가 있을 수 있으리라. 하지만 단지 기술적으로 타당해 보인다는 이유만으로 좀 이상하고 부자연스러운 커넥티드 홈의 적용 사례를 우리는 종종 듣고 있다는 것이 파노스의 생각이었다. 한마디로 말하면, 커피메이커가 전자레인지와 대화를 나눠야 할 이유가 있어야 한다는 말이다. 공학기술자들은 이렇듯 종종 사람의 행위와 적응성의 측면을 간과하기도 한다. 궁극적으로, 연결성(connectivity)이라는 것은, 50년 전에 가전기기가 그랬듯이, 우리의 삶의 질과 생활의 표준을 향상시켜주어야 한다.

파노스의 말대로라면, 집에 연결성을 도입하는 데 있어 결정적인 요소는 비방해성(non-intrusiveness)과 즉시적 가치(immediate value)라고 할 수 있다. 예를 들어, 만약 어떤 가전기기가 전기도 절감되면서 더 좋은 효과를 내는 보다 더 효율적인 사용법을 내게 가르쳐준다면, 나는 그것이 기존의 것보다 더 비싸도 기꺼이 구입할 것이다. 더 장기적으로 보자면, 가전기기는 사람들의 생활과 행동을 학습하게 될 것이고, 그럼으로써 제조사가 더 나은 설계를 할 수 있도록 풍부한 정보를 제공할 것이다. 물론, 그 가전기기가 해킹을 당하지 않도록 적절한 보안성과 프라이버

시 보호 시스템도 갖춰야 할 것이다.

앞으로는, 가정 내 통신형 장치들이 집안일의 생산성을 측정하고, 신체 센서로 사람들의 기분도 측정할 것이다. 이렇게 모은 모든 데이터에 대한 분석의 결과들은 사람들이 집안에서 어떻게 생활하며, 그들이 더 윤택하고 더 편안하며 더 생산적인 삶을 살아가는 데 무엇이 도움이 될지를 더 잘 이해할 수 있는 기회를 제공할 것이다.

커넥티드 헬스

커넥티드 홈의 또 다른 중요 측면은 거주자의 건강이다. 특히 고령화라든지 당뇨와 같은 만성질환자들의 증가에 따라서 그들에 대한 모니터링이 특히 필요하고 유용해지고 있다. 이러한 방식에 따라 '집'이라는 곳은 안락한 주거 공간일 뿐만 아니라, 사람들이 건강하게 지낼 수 있게 해주며, 그들의 생명을 구할 수도 있게 도와주는 환경이 될 수 있다. 우리가 커넥티드 헬스의 주제를 다루게 된 이유도 이 때문이다.

커넥티드 헬스에 관해 말할 때, 우리는 사물인터넷에서 의미 있는 영향을 받게 될 2개 그룹을 주로 관찰한다. 첫 번째 그룹은 병원과 임상 과정들(hospital & clinical processes)이다. RTLS와 RFID를 사용한 병원 자산과 환자 추적에서부터, 엄청나게 많은 선으로 연결된 신체 센서들을 걸리적거리지 않는 무선 센서로 대체하는 데 이르기까지, 또 병원 설비들을 다른 곳에서 모니터링 하게 되는 데 이르기까지, 헬스케어 분야는 극적인 변화를 맞이 하고 있다. 영향을 받을 또 다른 주요 그룹은 소비자용 의료 장비 들(consumer medical devices)이다. 조만간 소비자용 의료 장비 는, 사람들이 자신의 생활 방식에 대해 그리고 병원을 재방문하 기 전까지 자신의 몸에서 무슨 일이 벌어지는지에 대해 더 잘 이 해하게 됨으로써 스스로 자신의 건강을 관리할 수 있게 하는 도 구를 제공할 수 있게 될 것이다.

후자에 관한 존 메이저의 의견은 이렇다.

> 저는 혈압을 재려고 의사를 찾아가는 건 바람직하지 않다고 봅니다. 그게 뭐든 일상적이지 않은 일이 벌어지면 기계가 그 것을 알아차려야 하고, 환자와 의사에게 통보를 보내야 합니 다. 마치 계좌에서 너무 많은 돈이 인출되면 은행이 알려주듯 이 말이지요. 저는 실제로 모든 사람의 몸이 통신망에 연결된 상황을 떠올려봅니다. 이는 몸속에 넣지 않고 착용하는 다수 의 생의학 장치를 의미합니다. 이러한 장치 중 상당수는 당신 이 입는 옷 속에 들어갈 거고요.

환자의 몸이나 전자적 건강 기록계가 있는 의료 장비에서 얻어 낸 통합된 센서 데이터는, 개인의 건강에 관한 풍부한 정보를 제공해줄 수 있는 엄청난 잠재력을 보유하고 있다. 존 엘리엇은 "누군가가 응급실로 실려왔을 때, 병원에서는 27개나 되는 서로 다른 장비를 조작해야 합니다. 하지만 지금 현재로서는 거기서 나온 데이터를 이용할 수 있는 방법이 전혀 없습니다"라고 말한다. 전반적인 통합과 이러한 데이터를 활용함으로써 의사와 간병인은 누군가의 건강에 적신호가 들어온 것을 신속하게 발견할 수 있게 된다. 예를 들어, 냉장고 문을 여닫는 일이 지난 며칠간 없었음을 감지함으로써 환자가 식사를 안 했음을 알아차릴 수 있다.

존은 또한 가상 간호(virtual care)의 상당한 잠재력을 믿기에 이렇게 말한다. "견습간호사에게 태블릿을 주어 현장으로 보낸 다음에 전문 의료진과 연락을 취하게 하면 말입니다, 전문 의료진은 멀리 떨어진 곳에서 환자를 진단하고 돌볼 수 있습니다. 이것이 제가 생각하는 엄청난 가치입니다."

사물인터넷이 차별화해낼 수 있는 또 다른 중요한 분야로 만성 질환 관리(chronic disease management)를 들 수 있다. 그러니까 통신형 디바이스와 센서로 환자의 투약 치료와 시험 약물의 효과, 초진 이후의 후속 조치 등을 파악할 수 있다. 의사는 당 수치 판독, 혈압 측정, 비정상적 심박, 피부색 변화 등에 관한 정보를 이러한 지능형 디바이스로 받을 수 있다. 물론, 이런 정보와 정보 소통의 용이성은 '건강 보험 양도 및 책임에 관한 법률(HIPAA, Health Insurance Portability and Accountability Act)'에 도전하는 셈이다. 그래서 환자에 관한 데이터에 접근할 수 있는 사람과 접근할 수 있는 상황에 대한 규제가 필요하다.

환자의 가정 내에 데이터를 수집하는 디바이스가 더 많아질수록, 환자의 건강 상태를 이해하는 데 필요한 상황 정보도 더 풍부해진다. 체중, 신진대사, 땀, 혈압에 관한 정보들을 수집하면 환자에게 무슨 일이 일어났었는지를 전반적으로 더 잘 파악할 수 있게 된다.

우리는 스크립스 연구소(Scripps Research Institute)의 피터 쿤 박사와도 대화를 나누었다. 그는 환자의 상태에 관한 즉각적인 피드백을 제공하는 능력, 그러니까 통신형 디바이스가 제공해주는 능력이 적절한 치료법을 더 발전시키는 데 절대적으로 필요하다고 주장한다. 그는 또한 환자의 상황을 잘 이해하는 것이야말로 간접 검사 방식으로 암을 조기에 발견하는 데 매우 중요하다고 생각하고 있다.

헬스케어 분야에는 연결성을 가장 유용하게 활용할 수 있는 절호의 기회가 있을 것이다. 하지만 몇 가지 장벽 때문에 현재 그 채택 속도가 느려지고 있다. 스티브 파졸은 이렇게 말한다.

"통신형 디바이스들이 FDA(미국 식품의약국)의 승인을 받기까지 오랜 시간이 걸리겠지요. 그리고 나서도 그러한 장치들을 구입하는 데 든 비용을 보험으로 보상받을 수 있게 되기까지 또 오랜 시간이 소요될 겁니다. 이것은 정말 도전적인 일입니다. 당신은 이 통신형 디바이스가 현재 있는 것들보다 더 효험이 있다는 것을 보여주어야만 합니다. 그 입증을 위한 시험 과정에 많은 비용이 들 거고요. 실험하기도 어렵고, 보험사들을 설득하는 것도 어렵습니다. 보험사들은 "그 디바이스들이 생명을 구할 것이다"라는 보장을 받지 못한다면 돈을 쓰기를 꺼릴 겁니다.

빌 데이비슨이 말을 보탠다.

헬스케어와 무선 통신이 함께 움직이는 것을 가장 먼저 볼 수 있는 곳은 신흥국 시장(emerging markets)들일 거라고 생각합니다. 저는 FDA의 인증 과정뿐만 아니라 선진국 시장(developed markets)의 규제 환경도 걱정스럽습니다. 선진국 시장의 변호사들은 새로운 솔루션을 마치 환자가 심장마비를 전혀 일으키지 않게 된다거나, 누구도 그것 때문에 죽지 않게 된다는 것을 보장해주는 장치로 여길지도 모릅니다. 하지만 이것은 보장에 관한 것이 아니며, 자기 자신을 더 관찰하고자 하는 사람들에게 더 많은 정보를 제공하고, 환자가 스스로를 더 잘 관리할 수 있도록 해주는 헬스케어 관련 소비자용 전자 기기를 만들어내게 하는 방식에 관한 것입니다. 신흥국 시장이 이를 받아들일 경향이 더 많이 보이기에, 저는 신흥국 시장에서부터 시장 형성이 시작될 것이라고 생각합니다. 선진국의 소비자들은 이런 현상을 알아차리고 이렇게 묻기 시작하겠지요. "왜 인도에 사는 사람은 이런 서비스를 받을 수 있는데, 여기서 사는 저는 받을 수 없는 거죠?" 그리고 나서야 문제가 해결되겠지요. 저는 헬스케어 분야의 혁신은 이렇듯 신흥국 시장에서 일어날 것이라고 확신합니다.

또한 피터 쿤 박사는 "우리는 아직도 환자와 병원과 규제 당국과 보험사를 만족시킬 수 있는 커넥티드 헬스에 적합한 모델을 찾아내지 못했습니다"라고 말한다. 그렇다고 해서 그것을 찾아내려는 우리의 시도를 가로막아서도 안 된다.

실제로 소비자 헬스케어로 사람을 살릴 수 있다. 페기 스메들리가 말한다.

포드Ford는 헬스케어 업계와 함께 솔루션을 개발하고 있습니다. 이 솔루션은 당신이 운전 중에 심장 발작을 일으키면 가까운 병원에 신고해줍니다. 심지어 당신이 심장 발작을 알아차리기도 전에 병원에서 응급 차량을 보낼 수 있게 해주지요. 이로써 이전에는 결코 얻을 수 없었던 정보를 수집할 수 있게 되니, 이전에는 결코 가능하지 않았던 의료적 치료법도 찾아낼 수 있게 되었습니다.

AT&T에 근무하는 글렌 루리는 다음과 같이 평합니다.

가까운 장래에 우리는 '전자적 보건의료(e-health)'와 '전자적
건강 관리(e-wellness)' 분야에서의 비약적인 진전을 보게 될
겁니다. 마찬가지로 자동차 분야에서도 바람이 불고 있습니
다. 우리는 오늘날 미국의 도로에서 달리는 2억 5000만 대의
차량에 관해 이야기를 나누고 있지요. 이 자동차들 중 무선
통신 모듈을 내장한 것은 채 5퍼센트도 안됩니다. 하지만 앞
으로 수년 내에 우리는 그런 차량이 폭발적으로 늘어나는 것
을 목격하게 될 겁니다.

커넥티드 카

사실, 글렌 루리의 말처럼 자동차는 점점 더 지능화되고 있다.
빌 데이비슨은 이렇게 말한다.

1990년대 초반의 시대상을 생각해봅시다. 물론 그 당시에도
자동차에 컴퓨터가 장착되어 있었지요. 하지만 지금만큼 많이
들어있지는 않았습니다. 그 이전 세대의 자동차에는 컴퓨터
가 아예 들어있지도 않았고요. 자동차는 순수한 기계였고, 외

부와 통신할 수 있는 방법이 전혀 없었습니다. 오늘날에는 자동차 속에 당신에게 무언가를 일러줄 수 있는 기능을 가진 개별적인 센서와 마이크로프로세서 같은 컴퓨터가 아마도 40개 정도는 들어있을 겁니다.

애스트로 텔러가 덧붙여 말한다.

자동차에는 의사 결정을 해주는 기계들이 무척 많습니다. 오늘날 당신이 자동차의 브레이크 페달을 밟을 때, 그 브레이크 페달의 이면에서는 아주 복잡한 일들이 벌어지지요. 예를 들면, 마치 기계적인 장치처럼 보이지만 실제로는 전자적인 미끄럼 방지 장치(Antilock system)가 그렇습니다. 이 장치는 제어 시스템을 구동시켜 브레이크를 밟을 때 자동차가 미끄러지지 않게 해줍니다.

대부분의 자동차에는 드라이브 바이 와이어drive by wire 기술이 도입되어있다. 그래서 자동차 핸들은 더 이상 바퀴에 기계적으로 연결되어있지 않고, 바퀴를 제어하는 모터를 조종한다. 게다가 최신 자동차들은 센서로 가득 차있다. 백미러와 전조등을 위한 조도 감지 센서, 앞유리 와이퍼를 위한 우적 센서, 타이어 공기압 감지기, 가속도계, 자이로스코프, 나침반 등이 그것이다.

이런 식으로 계속 진행된다면, 자동차의 기계 장치들이 디지털화되면서 무인 자동차 또는 자율 주행 자동차도 나올 것이다. 구글은 지난 수년간 이러한 차를 성공적으로 시험해왔다. 하지만 연결성이 제공해주는 것은 그 이상이다. 자동차들 상호 간의 소통을 통해 교통 흐름을 원활하게 만들 수 있고, 운전자를 위해서 더 좋은 결정을 내릴 수 있게 해준다. 예를 들어 볼보Volvo는 유럽연합의 사르트르SARTRE(Safe Road Trains for the Environment) 프로젝트의 일환으로 로드트레인road-train을 성공적으로 시연해보였다. 로드트레인이란 여러 대의 자동차가 마치 보병 소대처럼 앞뒤로 열을 지어 운행하는 방식을 말한다. 그 시연에서 선두 차량에는 그 차량 대형을 이끌 책임을 지닌 전문 운전자가 탑승하고, 뒤따르는 차량들은 반半자율 모드로 운행하면서 차량 간의 거리를 줄였다. 그럼으로써 공기 저항과 연료 소모를 줄이면서 목적지에 더 빠르게 도달할 수 있었다.[8]

독자 여러분도 웨이즈Waze라는 크라우드소싱 방식 내비게이션 응용 프로그램을 익숙히 알고 있을 것이다. 그 내비게이션 시스템은 사용자들이 제공하는 실시간 교통 정보와 도로 공사 정보를 사용하고 있다. 그 덕에 웨이즈는 오늘날 가장 정확한 개인용 내비게이션 시스템 중 하나가 되었다. 이 내비게이션 시스템을 이

---

8 SARTRE, *Partners Conclude After the SARTRE Project* (2012). http://www.sartre-project.eu/en/about/news/Sidor/20120917_1.aspx

용하면 당신은 교통 혼잡 시간대에 팔로알토를 출발하여 샌프란시스코까지 도착 예정 시간(ETA)에서 5분 이내의 오차로 도착할 수 있다. 그렇지만 아직은 사용자가 물리적으로 입력해줄 필요가 있다. 이 개념을 몇 단계 더 진전시키면 자동차가 속도, 가속도, 기상 상태 등 실시간 데이터를 이와 같은 어플리케이션에 자동적으로 덧붙여주는 것도 가능하지 않을까? 이렇게 되면 사용자가 어떠한 물리적 개입을 하지 않아도 우리는 아주 정확한 교통 지도를 얻을 수 있을 것이다. 물론 자동차들은 서로 통신하면서 목적지에 더 빨리 도착할 수 있는 최적의 속도를 운전자에게 제시해줄 수 있을 것이다.

오늘날, 커넥티드 카를 활용해 급속히 성장하고 있는 산업이 운전습관연계보험(Usage-Based Insurance, UBI)이다. 프로그레시브Progressive가 주도한 이 개념으로 보험사는 운전자의 운전 태도를 더 잘 이해함으로써 위험을 관리할 수 있게 되었다. 물론 이 UBI 덕에 안전하게 운전하는 운전자들은 더 적은 보험료를 내게 되는 식으로 보상을 받게 되었다. 이러한 제도로 도로 위에 더 많은 안전운전자들이 생겨나고 있다.

GM이 개발한 온스타OnStar는 최초의 성공적인 커넥티드 카 어플리케이션이다. 온스타는 원격 지원을 제공할 뿐 아니라, 광범위한 자동차 센서 데이터를 근거로 하는 디지털화된 충돌 사고 시그너쳐signature를 가지고 있다. 그래서 이것으로 자동차의 파손 상태

와 잠재적인 부상자 내역을 응급 구조 기관과 병원에 알려준다.[9]

다른 산업과 마찬가지로, 자동차 센서가 생성한 데이터도 원격 진단이나 긴급 구난, 길 안내, UBI, 차량 간 통신 같은 적용 사례를 뛰어넘는 그 이상의 가치를 가지고 있을 것이다. 실시간 자동차 데이터는 도심 교통 상황 지도를 만들고, 대규모 행사의 참가 규모를 예측하고, 대기 오염을 감시하며, 운전자 행태에 대한 예측 모델을 만드는 데에도 활용될 수 있다. 이 데이터에 관심을 가지는 제3자에게 판매하거나 사용권을 인가해줄 수도 있다. 존 엘리엇은 이렇게 말한다.

> 운전 교습을 위해서든, 운전습관연계보험을 위해서든, 그 밖에 이와 같은 뭔가를 위해서든, 당신이 도로의 제한 속도에 대응해서 어떤 속도로 운행하는지, 당신이 얼마나 빨리 가속하거나 감속하는지, 얼마나 자주 좌회전하고 우회전하는지에 관심이 있다면, 바로 그 데이터, 순수하게 그 데이터를 받아볼 수 있게 되는 것이 아주 도움이 될 겁니다.

자동차는 대체로 IoT 연결을 통해 운전자가 혼잡한 도로를 더

---

9 Economist Intelligence Unit, *Rise of the Machines: Moving from Hype to Reality in the Burgeoning Market for Machine-to-Machine Communication* (2012). http://digitalresearch.eiu.com/m2m/report

잘 피할 수 있게 해주고, 도로에서 중대한 의사 결정을 더 빨리 할 수 있도록 도와주며, 운전자의 건강 상태를 파악해주고, 주행 중의 중요한 과업인 운전에 집중하게 하면서 운전자를 즐겁게 해주는 '운전자의 똑똑한 동반자'가 될 것이다.

그 밖의 잠재적인 산업들

IoT 기술에 의해 와해를 겪을 또 하나의 이상적인 후보는 공급 체인(supply chain) 분야다. 실시간 가시성(visibility)과 모니터링이 효율화와 비용 절감에 직접적·즉각적으로 영향을 줄 수 있기 때문이다. 존 엘리엇은 이렇게 말한다.

> 가장 근본적인 의미에서의 IoT란 ERP 소프트웨어의 논리적인 확장에 지나지 않는 것이라고 생각합니다. 실시간 기업 경영(real-time enterprise)으로 돌아가는 거지요. 만일 당신이 실시간 제조(real-time manufacturing)를 하고 있다면, 아마도 당신은, 단지 그것을 IoT라고 부르지 않을 뿐이지, 이미 어느 정도 수준에서 IoT와 관련된 무엇인가를 하고 있는 중일 겁니다. 저는 산업용 조명에서부터 공급망 관리에 이르기까지 SAP나 오라클 모듈을 사용하는 모든 것들은 틀림없이 IoT 연결이 필요하다고 확신합니다.

다양한 산업 분야의 버티컬[10]들과, 그들의 IoT 도입 준비 상황을 지켜본 크리스천 부시는 다음과 같이 평가한다.

석유, 가스, 광물의 채취 등 광업 분야가, 구체적으로 말하자면 갱도 내에서의 가스 누출과 같은, 그 사업 고유의 특성 때문에 아마도 가장 선진화된 버티컬일 겁니다. 당신에게는 작업자들을 위해 당신이 아주 신속하게 조치를 취해야 할 필요가 있는 안전 관리 규정이 있겠지요. 화물 적재 추적, 배송 추적, 페덱스나 DHL 등과 같은 물류 산업도 큰 이득을 볼 수 있는 분야입니다. 또 다른 관련 산업으로는, 건설 현장에 쓰이는 건설 장비나 발전기와 같은 설비의 임대 또는 렌탈 분야를 들 수 있습니다. 그 설비의 임대료를 사용 시간 단위로 청구한다면, 당신은 그 발전기가 항상 정상적으로 작동하는지 확인하고 싶을 겁니다. 만약 고장날 것 같다면 발전기를 교체할 정비 기술자를 아주 신속히 파견할 수 있게 되기를 바랄 겁니다.

다양한 산업 영역과 버티컬에서 나온 데이터를 활용해 어떤 또 다른 어플리케이션들이 개발될지를 우리는 아직 모른다. 하지만 이러한 데이터를 위한 시장이 있을 것이고, 그 시장이 가일층 혁

---

10 vertical, 특정한 전문적 분야·산업에 특화된 제품/서비스를 공급하는 개별 시장 또는 산업 영역이다. _옮긴이 주

신을 이끌리라고 확신한다. 존 엘리엇은 이렇게 예측한다.

우리는 각각의 관할권 내에서 법률과 규제를 전제로 하는, 데이터의 2차 시장이 있는 모델을 생각하고 있습니다. 데이터 분석 결과(analytics)를 판매할 수 있는 가능성도 있습니다. SAP나 마이크로소프트 등이 제공하는 빅데이터 엔진들은 통신형 디바이스들에서 데이터를 끄집어내고, 그런 것에 관심이 있도록 제3자가 이용할 수 있는 데이터의 스트림stream을 만들어낼 수 있는 거지요. 가치사슬[11] 내의 참여자 수는 몇이든 상관없을 거고요. 생각해보면 이건 케이블에서의 모델과 거의 같습니다. 다른 이들도 거기에서 이 데이터를 받아볼 수 있지요.

글렌 올멘딩거는 다음과 같이 말한다.

저는 항상 단순계(simple system)와 복합계(complex System)라는 개념을 사용해왔습니다. 제가 이제 막 현금인출기기나 MRI 기계를 제가 가지고 있는 허브-앤-스포크 방식[12]의 원격 서비

---

11 value chain, 기업의 활동 과정에서 부가가치가 만들어지는 과정이다. _옮긴이 주

12 hub-and-spoke, 자전거 바퀴의 중심축과 바퀴살의 형상을 의미한다. 다수의 어플리케이션이 하나의 중앙집중적 시스템에 연결된 네트워크 구성 방식으로, 스타토폴로지(star topology)라고도 한다. _옮긴이 주

스나 원격 지원 시스템에 연결하려고 한다고 해봅시다. 이는 단순 어플리케이션에 해당합니다. 병원 내부에, 공장 내부에, 심지어 도시 내에 많은 서로 다른 형태의 기계들, 환경들 그리고 어플리케이션들에 걸쳐진 엄청난 양의 데이터가 혼재해있는 상황이라면, 저는 그것을 '복합 환경'이라고 부릅니다.

저 밖의 온 세상을 한번 둘러보세요. 대체적으로 당신은 여전히 단순 환경 안에서 살고 있을 겁니다. 자연스럽게 스스로의 복합적 가치들을 키워가고 있는 소프트웨어와 하드웨어의 단위 조각들을 가지고서 말이지요. 더욱, 더욱, 더더욱 넓은 복합적 가치에 대한 전반적인 기회를 실제로 만들어가는 것과 관련하여 아직도 디바이스 단에 대한 프로토콜 전쟁이 어느 정도 남아있습니다. 이는 연결과 관련한 커뮤니티를 통해서 정리할 필요가 있겠지요. 하지만 더 중요한 문제는, 그 커뮤니티에서 영향력을 가지고 있는 어느 누구도 그 전반적인 상태에 기반을 둔 분산형 정보 아키텍쳐 안쪽으로 움직이려고 하지 않는다는 겁니다. 특히 이미 어떻게 해야 할지를 알고 있을 법한, 서버-클라이언트 시대를 겪어온 이들이 더욱 그렇지요.

글렌이 지적하기를, 현재의 크나큰 도전 과제는 2가지다. 하나는 사람들이 사물인터넷의 잠재력을 실현하는 데 요구되는 참조 기술 아키텍처의 본질을 이해하지 못하고 있다는 것이며, 다른 하나는 그들이 공유 비즈니스 모델의 본질에 관해 아무런 생각도 없다는 것이다. 다양한 원천들에서 나온 데이터를 결합시킬 때, 우리는 이러한 원천들이 어떠한 보상을 받고 있는지, 전체 생태계가 경제의 관점에서 어떻게 자체적으로 유지되는지 생각해봐야 한다.

최적화된 기술 아키텍처 측면과 비즈니스 모델 측면 둘 다에서 일어나야 할 생각들이 여전히 많다. 그래도 오늘날 이미 우리는 사물인터넷을 실현하는 데 필요한 많은 성공적인 씨앗들을 보고 있다.

글렌 루리는 다음과 같은 의견을 내보였다.

이 공간에서 당신이 성공하는 길은 각각의 버티컬을 분리해서 바라보는 겁니다. 왜냐하면 그것이 헬스케어든, 자동차든 별개의 생태계니까요. 그러니까 그것들은 모두 다른 겁니다. 비즈니스 모델은 OEM 사업자들을 위해, 통신사업자들을 위해, 그리고 무엇보다 최종 사용자들을 위해 작동해야 합니다. 솔직히 말하자면, 그것들이 우리가 여전히 배우고 있는 것들이고, 여전히 우리가 시도하고 있는 것들이지요. 저는 거의 1,600만에 달하는 고객을 확보하고 있습니다. 그들은 AT&T 네트워크에서 신규 디바이스를 사용하는 비용을 매달 지불하고 있지요. 우리는 많은 디바이스들을 출시했고, 비즈니스 모델을 통해서도 많은 것을 배웠습니다. 그것이 아마존처럼 연결성을 뒤로 숨기는 비즈니스 모델이든, 가민Garmin PND(personal navigation device)처럼 어느 정도 수준의 연결성을 포함시키고 그 이후에 고객이 추가적인 서비스에 가입하게 하는 비즈니스 모델이든 말입니다. 우리는 아직도 학습하고 있어요. 하지만 각각의 비즈니스 모델은 그 버티컬과는 무관한 것이 되리라고 저는 생각합니다.

니컬러스 네그로폰테가 이 장의 첫 부분에서 언급했듯이, 새로운 사업 기회와 비즈니스 모델을 찾아내려면 편향되지 않은 개방적인 마음이 필요하다. 우리가 이미 살펴봤듯이 많은 다른 산업에서뿐만 아니라 커넥티드 시티, 커넥티드 홈, 커넥티드 헬스, 커넥티드 카에는 어마어마한 잠재력이 있다. 그렇지만 우리가 말한 대로 많은 것을 배워야 한다. 물론 이러한 분야를 지배할 이가 반드시 현재의 대형 사업자여야 하는 것도 아니다. 지금 존재하지만 우리가 듣지도 보지도 못한 회사일 수도 있다. 성공하기 위해 요구되는 것은 견고한 적용 사례와 그것들에 대한 깊은 이해다. 이것이 다음 장에서 우리가 논의할 주제다.

5장. 적용 사례

적용 사례는 시스템의 목표를 정확히 담아낸다.
적용 사례를 이해하기 위해서 우리는 스토리로 이야기한다.

_ 스웨덴의 컴퓨터 과학자이자 소프트웨어 기술자인 아이바 제이콥슨

　클레이턴 크리스텐슨은 그의 책 《혁신기업의 딜레마》[1]에서 '휴렛팩커드(HP): 키티호크의 비행(Hewlett-Packard: The Flight of the Kittyhawk)'이라고 불리는 환상적인 하버드 비즈니스 스쿨의 사례를 이용한다. 키티호크[2]는 1990년대 초반에 HP가 개발한 혁명적인 하드디스크 드라이브의 제품명이다. 이 작은 디스크는 용

---

1 Clayton M. Christensen, *The Innovator's Dilemma: The Revolutionary Book That Will Change the Way You Do Business* (New York: Harper Collins Publishing, 1997).

2 노스캐롤라이나 주의 키티호크는 라이트 형제가 1903년 12월 17일에 인류 역사상 최초로 비행기를 이륙시킨 곳이다. _옮긴이 주

량이 20~40메가바이트에 달했기에, 그 시절에는 하나 이상의 산업을 와해시킬 잠재력을 가진 독특한 제품으로 여겨졌다. 그러나 그 디스크의 판매량은 실망스러웠다. HP는 2년간 70만 개를 팔리라 기대했지만, 실제로는 고작 16만 개 밖에 팔리지 않았고, 결국 1994년에 제품을 시장에서 철수시켰다. 무엇이 문제였을까? 왜 그와 같은 획기적인 기술이 시장에서 승리할 수 없었을까?

키티호크 팀은 PDA의 신흥 시장에 타겟팅targeting하고 있었다. 그 시장에 내놓으려면 해당 하드 드라이브가 더 튼튼해야 하고, 1미터 높이 낙하 시험에도 견뎌야 했다. 이 때문에 내구성을 고려하지 않았을 때에 비해 비용이 거의 2배나 들었다. 키티호크 팀은 이러한 요구 사항들에 직면했고 또한 탁월함을 발휘했다. 그러나 PDA 시장은 이륙할 준비가 되어있지 않았다. 키티호크 디스크와 같은 혁신으로부터 수익이 나올 만큼 충분히 시장이 커지는 데에는 수년이 걸렸다.

한편, 닌텐도가 휴대용 게임 콘솔을 제조하자 점점 더 많은 게임이 팔렸다. 그래서 닌텐도의 새 게임들이 카트리지에 담겨 나오자, 아이들의 책가방이 닌텐도의 게임 카드리지로 가득 찼다. HP의 키티호크는 닌텐도의 카트리지 문제를 해결하기 위한 이상적인 해결책이었을 것이고, 심지어 극도로 견고할 필요도 없었다 (그랬다면 디스크를 제조하기도 쉬웠을 것이다). 그러니까 게임 콘솔 시장이 1990년대 초반에 폭발적으로 성장했지만, HP는 잘못된 목표 시장을 추구하는 바람에 이 기회를 완전히 놓친 것이다.

이 이야기는 합당한 시장을 고르는 것과, 결정적으로 그 기술의 합당한 적용 사례를 고르는 것이 얼마나 중요한지를 보여준다. 그러니까 적용 사례를 잘 이해하면 시장을 선택할 수 있다. 제1장과 제2장에서 알게 되었던 것처럼 결정적으로 중요한 다수의 기술들을 IoT에 활용할 수 있다. 하지만 의문은 "고객들에게 가치를 안겨주고 수익을 끌어내주는 합당한 적용 사례란 무엇이냐?" 하는 것이다.

비즈니스, 특히 신규 비즈니스는 적용 사례에 따라 죽기도 하고 살기도 한다. 어떤 적용 사례는 사용자가 그 제품·서비스로 무엇을 하려는지, 그리고 왜 그것을 하려는지를 아주 정확히 밝혀준다. 예를 들어, 우리가 병원 내 자산 추적에 관한 적용 사례를 기술한다면, 다음과 같은 내용을 보게 될 것이다. 예를 들면, 간호사가 정맥 주사 주입 펌프(IV 펌프)를 찾고 있다. 수술실에서 당장 필요한 것이다. 그녀가 스마트폰의 앱을 실행시킨 다음에 'IV 펌프'라고 입력하면, 수초 이내에 그 앱이 바로 그녀의 주위에 있는 몇 개의 IV 펌프들을 거리순으로 보여준다. 그녀는 가장 가까운 곳에 있는 펌프를 챙겨서 수술실로 가지고 간다.

전체적으로, 그녀는 그 솔루션으로 IV 펌프뿐만 아니라 휴대용 심전도(EKG) 기기나 제세동기 같은 그 밖의 자산을 찾는 데 드는 시간을 일주일에 몇 시간씩 줄일 수 있게 된다. 그 솔루션으로 병원이 절감한 금액의 일부를 비용으로 지불하는 방식으로 그 솔루션의 가격이 책정될 수 있을 것이다. 이는 성공적인 적용 사례라고 할 수 있다. 이 적용 사례를 지원하는 기술은 모든 자산에 붙여진 능동 RFID 태그들로 구성되는데, 그 태그는 병원 곳곳에 설치된 AP(access point)와 자신의 위치를 주고 받는다. 태그에서 나온 데이터는 근거리 통신망을 거쳐 서버로 보내지고, 서버는 태그의 위치 정보를 병원의 건물 평면도 위에 덧씌워준다. 마지막으로, 데스크탑으로나 노트북, 태블릿, 스마트폰으로 모든 자산들의 위치를 보여주는 어플리케이션에 접속할 수 있게 된다.

일반적으로, 자산 추적 적용 사례에서 기술했던 바와 같이, (오래된) 잘 알려진 문제들을 (기술을 통해) 새로운 방식으로 해결하는 적용 사례를 찾아내기가 더 쉽다. 우리가 헬스케어 분야에서 가끔씩 발견하는 것과 같이, 덜 알려진 문제를 해결할 수 있는 새로운 적용 사례를 찾아내는 것은 훨씬 더 어렵다. 그렇지만 회사들은, 특히 스타트업들은 항상 그렇게 한다. 그들이 때때로 성공하기도 하고, 더 자주 실패하기도 하지만, 결국 그 새로운 적용 사례는 가치와 성장에 대한 어마어마한 새로운 기회를 열어준다.

예를 들어, 모든 운동화가 인터넷에 연결되었을 때 얻을 수 있는 이점을 살펴보자. 첫째, 많은 사람이 한쪽 다리에 체중을 더 싣는 식으로 고르지 않게 운동을 하는 경우를 보자. 이렇게 운동하면 부상을 당할 수 있다. 만약 당신의 신발이 건강에 해로운 운동 습관을 경고해줄 수 있다고 해보자. 그렇게 해서 당신이 그와 관련된 조치를 취함으로써 부상을 피할 수 있다면, 그것 자체가 이익이 아니겠는가? 둘째, 뉴밸런스New Balance와 같은 운동화 제조사가 그들의 상품이 어떻게 쓰이는지, 얼마나 자주 그리고 어디가 가장 많이 헤지고 찢어지는지를 알 수 있게 된다고 해보자. 그러면 더 나은 운동화를 개발할 수 있을 것이다. 그것도 운동화 제조사와 소비자들에게 이익이 아니겠는가? 마지막으로, GPS 추적 장치를 신발에 내장해 실종된 사람을 쉽게 찾을 수 있다면, 이 또한 이익이 아니겠는가?

기술적인 면에서, 그러한 운동화를 정기적으로 충전하거나 건전지를 교체할 필요 없이 전력을 공급하는 가장 좋은 방법은 무엇일까? 바로 여기에서 우리는 적용 사례의 중대한 딜레마에 직면하게 된다. 통신으로 연결된 신발로 인해 매일같이 이익을 직접 누릴 수 없다면, 사용자는 충전이나 건전지 교체 때문에 성가셔지는 것을 받아들이지 않을 것이다. 이런 것을 해결할 방법으로 에너지 하베스팅energy harvesting을 들 수 있다. 예를 들면 뛰는 사람의 운동 에너지를 전기로 변환시켜 신발에 내장된 통신 모뎀에 전력을 공급하는 것이다. 최상의 적용 사례란 중단 없는 서비스를 받는 데 있어 최종 사용자가 아무 것도 할 필요가 없는 경우다.

불과 몇 년 전만 해도, IoT와 결부된 적용 사례들 중 대부분이 산업 자산 모니터링에 초점을 맞추고 있었다. 〈스마트서비스 시대를 위한 4가지 전략(Four Strategies for the Age of Smart Services)〉이라는 기고에서 글렌 올멘딩거는 "고객을 위해서 스마트서비스는 완전히 새로운 형태의 가치를 창출해낼 수 있다. 한 예로 그들의 생활에서 불쾌하고 예기치 않은 일을 겪지 않게 하는 가치가 바로 그것이다"라고 썼다.[3] 사실, 센서와 연결형 디바이스가 제공하는 확실한 데이터를 사용하면 우리는 무언가를 알게 되지만, 그게 없으면 우리는 그저 추측하고 추정할 수 있을 뿐이다. 예를 들면, 그러한 일이 운전습관연계보험에서 일어난다. 지식으로 알게 된 것과 추측하는 것의 문제가 여전히 대부분의 IoT 적용 사례의 핵심이기는 하다. 하지만 더욱더 폭넓은 상황을 포괄하기 위해서 '이해하기(understanding)'가 진화하고 있다. 이는 정보를 수집하는 능력뿐만 아니라, 예를 들면 멀리 떨어진 곳에 있는 자판기의 표시 가격을 바꾼다거나, 고객의 피드백을 즉각 관리자에게 제공해주는 식으로, 현장에서 그 정보에 대해 무엇인가를 극적으로 할 수 있는 능력을 말한다.

SAP에 근무하는 크리스천 부시는 이렇게 말한다.

음료 회사가 자판기 내의 분류 기능을 최적화하고자 한다고 합시다. 그 회사 자판기는 병원에 1대, 사무실에 1대 있습니

---

3 Glen Allmendinger and Ralph Lombreglia, "Four Strategies for the Age of Smart Services," p.2

다. 회사는 각각의 자판기에서 최대한의 이익을 확실하게 뽑아내고 싶지요. 그러려면 각기 다른 제품이 필요합니다. 그들이 4만 대의 자판기를 운영하고 있다면, 이를 수작업으로 최적화하는 것은 불가능합니다. 모든 거래 데이터를 이해하는 알고리즘이 필요하겠지요. 그러려면 무슨 음료가 판매되고, 누구에게 판매되는지, 자판기가 어디에 있으며, 그곳에서 얼마나 많은 사람이 일하는지 등을 실시간으로 파악할 수 있어야겠지요. 그러면 그 다음 번에 트럭에 물건을 실을 때 적절한 제품을 적절한 수량만큼 실을 수 있겠지요.

우리는 가까운 시간 내에 자판기 운영 분야가 IoT 때문에 와해될 수 있다고 생각합니다. 대부분의 자판기 회사가 현재는 이 일을 수작업으로 하니까요. 우리가 본 사례에서는 실시간 데이터를 활용해 자판기의 배치를 최적화했더니 매출이 두 자리 숫자로 증가했습니다. 게다가, 그 회사는 수요에 맞춰 가격을 조정할 수 있고, 그들의 자판기를 통해 판촉 활동도 펼칠 수 있습니다. 자판기에 있는 제품의 가격을 다이내믹하게 바꾼다는 것이 지금까지 듣지도 보지도 못한 일이라 자판기 업계에서는 생소하겠지요. 하지만 이러한 것이 자판기 운영의 효율성을 새로운 수준까지 높여줄 겁니다. 저는 이것이 IoT의 힘을 보여주는 완벽한 예라고 생각합니다.

마크 웰스는 성공 사례와 성공하지 못한 사례에 대한 그의 경험과 직접적인 사용자 피드백의 힘에 대해 털어놓았다.

우리는 청소년 운전자를 추적하는 것부터 시작했습니다. 청소년 운전자에 대한 통계는 끔찍하지요. 청소년이 운전 면허를 딴 후 3~4년 이내에 20명 중 1명 꼴로 장애인이 되거나 죽습니다. 당신은 그런 일이 당신에게 일어나지 않도록 당신이 할 수 있는 무슨 짓이라도 하겠지요. 그러나 부모들이 자녀들의 위험한 운전을 감시할 수 있는 추적 장치를 자녀들의 자동차에 기꺼이 부착하려는 시장은 아직도 크게 형성되지 않았습니다. 참으로 이상한 일입니다. 우리가 생각하기에는 말이지요.

반면에 드라이브캠DriveCam이라는 회사는 셔틀버스와 기타 상용 차량에 소형 카메라를 장착할 생각을 했습니다. 작은 빨간 전구가 달린 그 카메라는 운전자에게 맞춰져 있어서 운전자가 볼 수 있습니다. 급감속, 급가속, 급회전 등이 카메라에 장착된 가속도계로 측정되고요. 그래서 만약 운전자가 이렇듯 안전하지 않아 보이는 운전을 한다면 작은 전구가 켜지고, 카메라는 그 전후 10초간의 영상을 기록합니다. 이후에 상사가 그것을 돌려보고 무슨 일이 일어났었는지, 그게 어떤 사고로 이어졌는지를 파악할 수 있습니다.

카메라를 설치한 하루 동안 재미있는 일이 있었어요. 그러니까 운전자들 사이에서 '전구가 켜지지 않게 하는 게임'이 시작된 거지요. 이 게임은 아무도 자신이 '나쁜 운전자'라고 낙인찍히는 걸 원치 않기에 시작된 겁니다. 그리고 사고가 일어나지 않는 한 영상도 찍히지 않는다는 것을 사람들은 알아차렸지요. 드라이브캠은 동일한 서비스를 청소년 운전자 시장에도 적용하기를 원했고, 마침내 어메리칸 패밀리 프로그램에 채택됐지요. 그들이 어느 정도 성공하기는 했지만, 그 또한 비상한 노력이 필요한 일이었습니다. 그러나 그들이 희망했던 것과 달리 제대로 이룩하지 못했습니다. 대규모 사업으로 성장한 상업 시장과 비교해보면 말입니다.

상용 차량에 대한 적용 사례가 청소년 운전자를 대상으로 한 적용 사례보다 더 성공적이었던 이유를 정확하게 말하기는 어렵다. 하지만 지금까지 IoT 분야에서의 전반적인 경향을 보면, 대부분의 B2C 사례보다 B2B 사례가 더 많은 견인차 역할을 해오고 있는 듯하다. 그 이유는 그 소비자 시장이 기업 시장 수준의 투자 대비 수익(ROI)을 충족시키지 못하기 때문이기도 하고, 더구나 소비자 시장이 사용자 경험과 가격에 의한 기복이 심하기 때문이기도 하다.

마크 웰스의 예에서 또 하나 결정적으로 중대한 점은, 직접적인 사용자 피드백의 중요성이다. 이와 관련하여 큰 차별화를 구현해낸 분야들 중 하나는 소비자 대상 헬스케어 분야다.

앞 장에서 논의한 대로, 큰 트렌드는 의사에게 재진료를 받기 전까지 우리가 원기와 건강을 유지할 수 있도록 도와주는 '헬스케어의 소비자화(consumerization of health care)'이다. 이 트렌드가 적용 사례와 사업 기회의 전반을 열어주고 있다. 우리는 그가 '인체용 대시보드'라고 표현하는, 휴대용 웨어러블 디바이스 제조사인 바디미디어의 CTO인 아이보 스티보릭과 이야기를 나누었다. 아이보는 "인체용 대시보드를 갖추게 하려면, 신체를 측정하고 분석한 다음에 이해하기 쉬운 방법으로 사람들에게 설명해주어야 합니다. 피드백이 중요하지요. 수많은 서로 다른 것들에 활용될 수 있을 겁니다"라고 말한다.

바디미디어는 현재 주로 체중 관리에 초점을 맞추고 있다. 가장 최근의 인구 조사에 따르면, 미국인 중 60퍼센트 이상이 과체중이고, 그중 3분의 1이 실제로 비만이라고 한다. 후자의 경우에는 비만과 결부된 건강상의 위험 요소가 아주 많다. 그 결과 미국의 전체 헬스케어 비용 중 21퍼센트가 비만과 관련되어있고, 그 수치는 점점 더 높아지고 있다.

아이보는 이렇게 말한다.

사람들에게는 건강 상태를 측정할 도구가 필요합니다. 측정할 수 없으면, 관리도 할 수 없으니까요. 실제로 열이 얼마나 오르는지, 정말 얼마나 먹는지, 우리의 생활 방식이 이런 건강 상태에 어떻게 영향을 미치는지 우리는 모릅니다. 당신이 긴 시간 동안 혈당 수치와 수면 패턴의 변화를 관찰하고, 생활 방식이 달라짐에 따라서 건강이 호전되는 것을 볼 수 있다면, 세상이 조금은 달라 보일 겁니다.

12년 전에 바디미디어가 사업을 시작했을 때에는 웨어러블 측정 제품이 전혀 없었다. 대부분의 측정 장치는 운동 선수의 능률 측정용이거나 환자의 임상치료용이었다. '그저 튼튼하고 건강하기를 바라는 사람들'을 위한 제품은 전혀 없었다. 아이보가 이어서 말한다.

우리는 하드웨어와 소프트웨어 그리고 모든 인터넷 장치에서 접속할 수 있는 웹 기반 응용 프로그램을 구축했습니다. 우리는 이 모든 도구들을 직접 구축해야 했어요. 사용자가 데이터에 압도당하지 않고도 쉽게 이해할 수 있게 해주는 사용자 인터페이스를 만들어내기 위해 많은 노력을 기울였고요. 우리 디바이스에는 5개의 신체 센서가 있습니다. 움직임, 활동량, 방향을 감지하는 3축 가속도계, 피부온도계, 체열유량계, 피부 전기 전도 반응계, 신체 근접 환경 센서가 그것입니다. 우리는 시스템에 심전도센서를 추가하는 작업도 하고 있습니다. 누구든 그것을 암밴드armband에 밀어 넣기만 하면 작동되게끔 단순화하는 방법을 우리는 찾아냈습니다. 우리는 이렇듯 새로운 기회가 될 새로운 센서를 계속 찾고 있습니다.

바디미디어에는 사람의 육체적 활동과 에너지 소모를 측정하는 데 쓰일 정교한 알고리즘을 개발할 능력이 있었다.
아이보의 말에 따르면 이렇다.

우리는 다중 센서를 통해서 당신이 지금 앉아있는지, 걷고 있는지, 달리고 있는지, 자전거를 타고 있는지, 또는 역기를 들어올리고 있는지를 얘기해줄 수 있습니다. 그리고 우리는 당신이 가진 센서 값으로 당신에게 딱 맞춰진 최적의 알고리즘을 적용할 수 있습니다. 특정 생활 방식에 따른 활동들은 사람들에게 각기 다른 영향을 끼칩니다. 우리는 당뇨병과 수면 무호흡증을 앓는 사람들을 모집했지요. 특히 당뇨병은 개인별 상태가 아주 다릅니다. 사람들마다 신진대사계가 당뇨를 다르게 처리하지요. 그러니 당신의 생활 습관이 당 수치에 어떻게 영향을 끼치는지를 아는 게 좋지 않을까요? 생활 습관을 바꾸면 당 수치가 변화될 뿐 아니라, 당 수치를 조절할 기회를 얻을 수도 있습니다. 어쩌면 투약을 중단해도 될지 모릅니다.

수면무호흡증, 만성 폐쇄성 폐질환, 또는 심장질환도 마찬가지고요. 더 많이 움직이고 더 잘 먹는 것이 필요하다는 점은 누구나 알지만, 직접적인 피드백이 없다면 언제나 반드시 그렇게 되지도 않습니다.

바디미디어의 사용자가 그들 자신의 데이터에 익숙해지는 것을 지켜보던 아이보는, 그의 디바이스를 무선화한 뒤 블루투스로 전화기에 연결하고, 또한 항상 켜져 있고(always-on) 실시간성(real-time)을 가지는 광역 통신(wide-area network)에 직접 연결되게끔 발전시키려고 노력했다. 아이보가 다시 말한다.

실시간으로 연결되지 않으면 우리는 데이터를 모을 수 없습니다. 경향성을 볼 수도 없고요. 일단 우리가 우리 디바이스를 블루투스로 전화기와 대화하게 만들었더니, 당신의 손안에서 당신의 결정을 도와주는 훌륭한 방법이 생겨난 거지요. 당신은 어느 정도의 칼로리가 매일 당신에게 필요한지를 알게 되었고, 또한 당신이 밤에 자러 가기 전에 지난 며칠 동안 제대로 자지 못했다는 사실도 깨달을 수 있게 되었을 겁니다. 그러고 나서 당신은 8시간 동안 누워있었지만, 실제로는 4시간밖에 자지 못했다는 것을 생각해냈을 거고요. 그래서 이번에는 제대로 잠들기 위해 일찍 잠자리에 들기로 결정할 수 있는 겁니다. 그런 식으로 계속 당신은 영향을 받겠지요. 연결형 디바이스에서 나온 피드백은 이렇게 훌륭했습니다.

사람들이 IoT를 인지하기 시작하면서, 어떤 사람들은 아이보와 그가 속한 팀에 "이런 것들도 실제로 연결해보면 어때요?"라고 요청하기 시작했다. 그 아이디어란 클라우드에 있는 실시간 센서 정보에 전화기를 거치지 않고도 다른 사람들이, 예를 들면 간병인이나 사랑하는 이들이 접근할 수 있도록 허용해줌으로써, 그 시스템이 실시간에 자동적으로 그 사람을 관찰할 수 있게 해보자는 것이었다. 이는 디바이스를 인터넷에 직접 연결시킴으로써 잠재적인 사용자들 간의 상호작용을 단순화해보자는 아이디어이기도 했다. 아이보가 덧붙여 말한다.

당신도 알고 계시겠지만, 할머니들은 블루투스 장치를 연결하는 방법을 정말 알고 싶어하지 않으십니다. 심지어 더 발전된 저전력 블루투스(BLE)가 나와도, 연결 방식은 여전히 수동식이겠지요. 내장형 무선모뎀을 사용한다면 암밴드가 매 시간마다 클라우드를 향해 쩍쩍거릴 것이고, 그러면 데이터가 드러납니다. 할머니들이 해야 할 일이라고는 그 디바이스를 밀어 넣기만 하면 되는 거고요. 그러면 장치가 켜지고 연결됩니다.

아이보와 그의 팀은 자신들의 장치에 덧붙여 쓸 수 있도록 센서들이 내장되고, 7일간 사용 가능하며, 쓰고 버릴 수 있는 부착형 패치를 생각해냈다. 아이보는 이렇게 말한다.

우리가 패치를 개발한 실제적인 이유는 사람들이 1년이나 또는 6개월이나 되는 시간을 투자하지 않고도 바디미디어를 맛보도록 해주기 위함입니다. 우리는 몇몇 보건 분야의 협력 기업들이 해당 패치에 큰 관심을 가지고 있다는 것을 알게 되었어요. 현재 그들은 위험을 평가할 때 종이와 펜에 의존한 채 매우 주관적으로 진행하고 있으니까요. 패치가 그것을 바꿀 수 있습니다. 사용자들이 일주일에 3번이나 운동을 했다고 말한다고 해서, 정말 그랬을까요? 잠을 잘 잤다고 말한다고 해서, 정말로 그랬을까요?"

우리는 헬스케어의 소비자화에 대해서, 그리고 예방 의료 분야에서 실시간 데이터가 중요한 역할을 할 수 있게 되는 방법에 대해서 아이보와 이야기를 나누었다. 아이보에 따르면 이렇다.

이제는 컴퓨터가 당신의 데이터를 살펴보고, 인간이 또는 의사가 찾아낼 수 없는 구체적인 패턴들을 찾아내기 시작합니다. 우리가 매년 건강 진단을 받지만, 우리가 갖는 것은 순간의 스냅샷일 뿐입니다. 우리에게는 현재 실시간 데이터가 없습니다. 다음 방문 진료 때까지 무슨 일이 일어나는지 아무도 모릅니다. 오늘날 우리가 놓치고 있는 것이 실시간 데이터라고 저는 생각합니다. 보건의료 기록 등과 같은 빅데이터에 관해 사람들이 이야기하면서도 말입니다. 그렇지만 그것을 해결할 수 있는 기술은 있습니다.

그렇기는 해도 결국 실시간 데이터의 가치를 이끌어내는 것은 데이터 분석입니다. 저는 이 디바이스를 내 팔에 착용하고 있지만, 그게 왜 자기에게 유용한지를 말해주지 않는다면 누구도 이것을 착용하려고 하지 않을 겁니다. 또한, 어떤 의사도 1초에 32번씩 측정한 2년치의 피부전기전도도 데이터를 살펴보려고 하지 않을 거고요. 그들에게는 아무런 의미도 없으니까요. 그러니 그 데이터를 사람들이 이해할 수 있도록 단순화해야 합니다. 아울러 서로 다른 어플리케이션들에는 서로 다른 단위 요소들이 필요합니다. 우리는 빅데이터를 분석하고 단순화하는 역할을 해보고자 합니다. 우리가 모든 앱을 만들 필요는 없겠지요. 다른 사람들이 우리 API로 앱을 만들기 시작했으니까요.

더 나아가서, 아이보는 혈당측정기 또는 체중계, 심지어 집안의 자동온도조절기와 조명 같은 여러 개의 장치들이 그의 디바이스와 대화하게 되는 것을 상상해본다. 그는 "이 모든 장치들을 한데 모아본다면, 당신은 이해할 수 있는 풍부한 상황 정보들을 가지게 되기 시작할 겁니다. 저는 그것이, 당신에게 헬스케어에 관한 정말로 중요한 것들을 시작할 수 있게 해주는 빅데이터의 약속 그 이상이라고 생각합니다"라고 말한다.

새로운 적용 사례들이 모든 범위에서 검증되고 있다. 한 가지 인상적인 사례는, 캐나다의 스타트업인 인터랙숀InteraXon이 제작한 뮤즈Muse라는 디바이스다. 뮤즈는 사람의 이마에 가져다 대고 안경처럼 귀 뒤에 고정시키고서 뇌파를 측정하는 장치다. 뮤즈가 뇌파 데이터를 휴대폰이나 대화면 TV로 보내면, 사람은 자신의 뇌파로 게임을 조종할 수 있게 된다. 예를 들어, 사용자는 마을에 가상으로 눈이 내리게 할 수도 있고, 집중력을 높여 일식을 만들어낼 수도 있다. 이 직접 피드백 어플리케이션에는 커다란 잠재력이 있다는 사실을 우리는 알고 있다. 이 모두가 사람들이 참여하게 하고, 집중하게 하고, 깊이 생각할 수 있도록 도움을 줌으로써 개인의 생산성 향상에 매우 중요한 역할을 하기 때문이다.

우리는 또한 무선 센서를 흙에 묻어 흙 속의 습도와 총 염도를 측정하는 회사를 본 적이 있다. 그 덕에 농장주나 골프장 관리인이나 와인용 포도 재배업자 또는 그 밖의 사람들이, 잔디나 작물이 충분한 양의 수분을 취할 수 있게 해주면서도 엄청난 양의 물과 돈을 절약할 수 있었다.

우리는 또한 MIT 센서블시티 연구소가 덴마크의 코펜하겐에서 진행했기에 '코펜하겐 휠Copenhagen Wheel'이라고 불렸던 프로젝트에 관해 아사프 비더맨과도 대화를 나눴다. 아사프는 그의 제품을 '자전거 뒷바퀴에 부착된 작은 통신형 바퀴(little connected wheel)'라고 설명한다. 그는 이렇게 말한다.

그 작은 통신형 바퀴는 어떤 자전거의 바퀴테에든 부착할 수 있습니다. 이건 완전히 무선 장치고, 필요한 모든 것이 한 디바이스 안에 다 들어있습니다. 전지, 모뎀, 제어기, 전기 모터, 발전기, 센서, 마이크로프로세서, 블루투스 송수신기 같은 것들이지요. 기본적으로 나사 2개를 돌려서 자전거에 장착한 다음에 체인을 걸면 그만입니다. 그런 다음에 스마트폰으로 앱을 다운로드한 뒤 바퀴와 무선으로 연결하면 장치가 활성화되지요. 스마트폰에 있는 앱으로 바퀴를 제어할 수 있고요.

예를 들어, 당신은 "당신이 들이는 힘의 몇 배만큼 힘을 증가시킬 것인가"를 그 작은 바퀴에 얘기해줄 수 있지요. 그러면 모터가 효과를 발휘하기 시작할 겁니다. 당신이 그 작은 바퀴에 "페달을 밟을 때 들이는 힘보다 2배의 힘을 내라"고 지시하면, 그 장치는 당신의 힘을 측정한 다음에 기본적으로 당신이 바퀴를 돌리는 주기에 맞춰줄 겁니다. 모터가 당신을 돕고 있다는 것을 굳이 느낄 필요는 없습니다. 그저 당신 자신이 더 강해졌다고 느끼면 그만입니다.

아사프는 그의 프로젝트의 적용 사례를 설명한다.

"대부분의 현대 도시들은 규모, 밀도, 거리라는 관점에서 자동차를 기반으로 만들어졌습니다. 도시의 지형도 자전거처럼 모터 없는 탈것들에는 종종 도전적이지요. 하지만 이 자전거가 있으면 당신은 언덕을 평지처럼, 장거리를 단거리처럼 달릴 수 있습니다. 이것이 주된 목표입니다. 더 많은 사람이 자전거를 타고 교외로 나갈 수 있게 합시다!

아사프와 그의 팀은 IoT 연결 기능을 사용하여 그 디바이스로부터 나온 완전히 새로운 가치를 보여주었다. 아사프가 다시 설명한다.

우리는 또한 사람들이 주행하는 거리와 주변 데이터에 관한 사람들의 의견을 스마트폰으로 보냅니다. 우리는 일산화탄소, 이산화질소, 상대 습도와 온도를 측정하는 공기질 센서도 내장했습니다. 그러니까 모든 데이터가 바퀴의 센서에서 수집되고, 스마트폰을 채널로 해서 클라우드로 보내지는 거지요. 개방형 API를 사용해 누구나 바퀴용 앱을 만들 수 있고요. 그래서 코펜하겐에서는 사람들이 자전거를 타고 돌 때마다 각각의 자전거가 실시간 지도의 고유 영역 작성에 참여하고 있는 셈입니다. 당신은 대중을 원천(crowd-sourced)으로 하고, 대중이 감지(crowd-sensed)해 만든 아주 근사한 실시간 기상 지도와 오염 지도 등을 얻을 수 있지요.

옴니링크에 근무하는 스티브 허드슨은 2004년에 개인 추적 장치의 세계로 여행을 시작했다. 그것은 범죄자를 교도소에 수감하는 대신에 위치 기반 플랫폼으로 감시·관리하는 보호관찰 프로그램이었다.[4] 교도소가 초만원이라는 사실은 잘 알려져 있다. 그리고 출소 후 재범 가능성 또한 매우 높고, 교도소에서 재소자들을 관리하는 비용도 너무 많이 든다. 옴니링크는 협력사와 함께 튼튼하고 방수가 되는 발찌형 무선 디바이스를 개발했다. 물론 장치를 제거하려 하면 보호관찰담당관에게 즉각 경보가 발령된다. 옴니링크는 또한 '배치 가능 규정집'에 맞춰 범죄자를 지도상에서 추적할 수 있게 해주는 소프트웨어도 개발했다. 보호관찰담당관은 범죄자가 그날그날 있어야 할 곳을 각기 다른 시간대에 따라

---

4 우리나라에도 2008년부터 법무부가 특정범죄자 전자감독 시스템(일명 전자발찌)을 구축·운영하고 있다. _옮긴이 주

설정할 수 있다. 그 디바이스가 범죄자를 실시간으로 추적해 데이터를 옴니링크의 감시센터로 보내고, 거기에서 범죄자가 위치 규정을 따르지 않고 있다면 보호관찰담당관에게 경보 신호를 전송한다.

스티브는 이렇게 말한다.

> 우리는 아주 독특한 기술을 병합해서 범죄자를 감시하면서, 사전 동의(opt-in) 과정을 통해서 피해자나 판사에게 근처에 바로 그 범죄자가 있다면 역시 경보를 보내게 했습니다. 미국 내 폭력 사건에 대해서라면, 예를 들어 범죄자가 피해자로부터 일정 거리 이내에 접근하면 피해자가 그들의 전화기로 경보를 받을 수 있게 했지요. 우리가 범죄자의 실제 위치까지 판사나 피해자와 공유하지는 않지만, 그들이 알아야 한다면 그들에게 경보를 보내는 거지요.

거기에서 스티브는 그들이 진입할 수 있는 부가적인 사업과 버티컬을 보기 시작했다. "우리는 귀중한 것들을 추적·감시할 수 있으며, 도난을 방지하거나 자원을 최적화하거나, 단순히 책임과 규정을 준수하는 데 유용한 정보를 공급할 수 있는 곳을 많이 보고 찾아냈습니다. 국립 알츠하이머 협회와 회의를 한 후에 옴니링크는 알츠하이머 환자들과 그들을 돌보는 간병인들에게 필요한

장치를 개발하고 서비스를 제공하기로 결정했습니다." 스티브가
말을 잇는다.

그 솔루션은 단순화시킨 웹 기반 소프트웨어입니다. 하지만
여기에는 우리가 기업용 어플리케이션에서 구현했던 매우 복
잡한 기술들과 특성들이 아주 많이 적용됐습니다. 문제는 알
츠하이머로 고통을 받는 환자들 중 50~60퍼센트가 매년 길
을 헤매게 되며, 24시간 안에 돌아오지 않을 경우 그들 중 최
소한 절반은 죽거나 심각한 상해를 입게 된다는 겁니다. 그래
서 관찰의 필요성이 대두되고 있지요. 특히 85세 이상이라면
2명 중 1명 꼴로 알츠하이머에 걸린다는 점을 고려하면 더욱
그렇습니다. 이 문제는 커져가고 있고, 아직까지 치료 방법도
없지요. 관찰이 필요한 노인에 대한 미지불된 보건의료비도
수십억 달러에 이르고요. 그러니까 기존의 어떤 해법도 현재
까지 완벽하지 않으며, 며칠 이상 실내외에서의 위치를 충분
히 추적해낼 만큼 누군가의 팔에 부착되고 신뢰성도 갖춘 제
품 또한 없습니다. 그러나 기술은 진보하고 있습니다.

우리는 간병인에게 사랑하는 사람의 행동 변화를 밤에든 낮에
든 파악할 수 있는 능력을 부여해야 합니다. 일반적으로 사랑
하는 사람이 오후 2시가 아니라 새벽 2시에 산책할 것이라고

예상하지는 않잖아요? 뭐, 안 될 게 뭐랍니까? 환자도 산책을 하고, 의사에게도 가고, 심지어 일하러 갑니다. 우리는 환자가 가급적 정상적인 삶을 살게 해주려고 합니다. 이것이야말로 정말로 제품을 시장에 내놓고 경험을 통해서 배우는 거지요.[5]

관찰 활동에 관해 말하면서, 산제이 사르마는 X10[6]기반의 감시 기술과 인스테온[7]의 홈네트워킹 시스템을 사용해 그의 집을 클라우드에 연결했다. 그렇게 하면 그는 조명과 온도조절기와 그 밖의 많은 가전기기들을 그의 스마트폰으로 제어할 수 있다. 산제이는 이렇게 말한다.

우리 가족이 여행을 할 때, 제 아내는 우리 집 고양이가 잘 있는지 걱정하곤 해요. 그럴 때마다 모션 센서는 고양이가 어디에, 어느 방에 있었는지를 우리에게 말해줄 수 있습니다. 저희 집 난방기도 극도로 역동적이지요. 예전에는 전적으로 시간에 의해 제어되었지만, 이제는 움직임에 반응합니다. 그래

---

5 우리나라의 경우 노인장기요양보험제도와 연계하여 '치매노인배회감지기'를 2013년부터 보급하고 있다. _옮긴이 주

6 간단한 무선 또는 전력선을 통해 전자기기를 원격 제어할 수 있게 하는 통신 프로토콜로, 주로 홈오토메이션 분야에서 널리 활용되고 있다. 1975년 스코틀랜드의 피코 일렉트르닉스(Pico Electronics) 사에 의해 처음 소개되었다. _옮긴이 주

7 Insteon, 2005년에 스마트랩스(Smartlabs, Inc.) 사가 소개한 홈오토메이션용 기술로서 무선 및 전력선을 통해 각종 센서들과 전자기기들을 서로 연결시킨 것이다. 특히 각 디바이스가 독립적인 송수신 이외에 중계 기능까지 할 수 있는 특징이 있다. _옮긴이 주

서 우리 집은 실제 상황에 맞춰 돌아가지요. 또한 우리 가족은 어느 곳에서든 집을 제어할 수 있게 되었습니다.

기본적이고 직접적인 사용 사례에서, 회사들은 더 많은 데이터를 수집·중첩시키는 사업에 진입하고 있다. 빌 데이비슨은 샌디에이고 가스 앤 일렉트릭San Diego Gas and Electric의 중역과 나눴던 이야기를 떠올렸다. 그때 그 중역은 기상 변화를 추적할 수 있는 무선 통신 기술을 원한다고 했다. 빌이 그 중역에게 왜 기상을 추적하려고 하느냐고 묻자, 중역은 이렇게 말했다.

글쎄요, 그러니까 우리는 기후 추적 장치를 무선 통신 기술로 연결해서, 당신이 여기 샌디에이고에서 사막을 바라보면서도, 샌타애나에 바람이, 그러니까 강하고 극단적으로 건조한 육상풍陸上風이 불면 우리 전력그리드의 전력 수요가 최대치가 된다는 것을 파악할 수 있게 되기를 원합니다. 사막을 뚫고 바람이 불어올 때, 하늘에는 구름 한 점 없게 되지요. 그러므로 저는 태양도, 바람도 사용할 수 있었으면 합니다. 그렇지만 샌타애나 쪽의 정보가 없을 때에는 저는 구름을 추적할 수 있고, 또한 햇빛을 최대한 받을 수 있도록 태양전지판의 각도를 북서쪽에서 남동쪽으로 다시 맞춰야 할지를 알 수 있게 되기를 진심으로 원합니다. 물론 그렇게 하려면 무선 통신 기술을 활용할 수밖에 없지요.

그래서 그의 생각은 단지 계량기를 검침하던 것은 잊어버리자는 것이다. 추가적인 인적 비용을 없애는 것만으로도 초기에 비용을 투자한 데 대한 정당성을 얻을 수 있기에, 그는 무선 통신 기술을 결합해서 더 효율적인 전력그리드를 만드는 방법을 생각해내고 있는 것이다.

다양한 산업 분야와 헬스케어 분야에 거의 무한한 IoT 적용 사례가 있는 것 같다. 그런데 우리 삶의 다른 분야에 대해서는 어떨까? 예를 들면 남미나 아프리카에 있는 '멀리 떨어진 곳들'에서 IoT나 연결 기능을 적용한다면 어떨까? 우리는 에코라이프 ECOLIFE 재단의 대표인 빌 툰과 이에 대해 대화를 나누었다. 그는 자연 보호 활동을 전세계적으로 활발하게 진흥시켜왔다.

빌은 평생 '캘리포니아 콘도르 되살리기 프로그램'이나 그와 비슷한 다른 프로그램들과 같은 여러 자연 보호 프로그램을 주도하거나 참여해왔다. 그 덕분에 야생 조류 개체 수가 회복될 수 있었다. 빌은 보호 활동에 관한 몇 가지 매우 중요한 요점을 지적했다. 빌에 따르면 "실제로는, 사람들이 아직 모르고 있겠지만, 자연 보호는 우리 자신을 구하는 것 이상의 활동입니다. 우리가 자원을 더 잘 돌보지 않는다면, 진정한 멸종위기종은 우리 자신이 될 테니까요"라고 말한다. 에코라이프 재단은 차별화된 효과를 만들어내기 위해 전념하고 있다. 그렇게 할 수 있는 방법 중 하나는 기술을 활용함으로써 이루어진다. "기술과 결합한 보전 활동이라는 것은 당신의 미래를 당신이 어떻게 바꿀 것인가에 대한 문제입니다"라고 빌은 말한다.

빌은 멕시코 오지의 토착민들이 음식을 조리할 때 쓰는 숯불 화덕에 GPS, 열 감지기, 이산화탄소 센서를 설치한 사례에 대해 말해주었다. 에코라이프 재단은 해당 화덕을 설치하는 데 돈을 투자하고, 그 뒤 늘 그 화덕을 관찰해 이 사람들의 삶이 정말 달라졌는지, 더 안전해졌는지 파악했다.

특히, 에코라이프 재단은 실시간 연결 기능을 사용해서 화덕이 얼마나 자주 사용되며, 그것들이 사람들의 건강에 어떤 영향을 끼치고 있는지, 예를 들어 이산화탄소 배출량이 위험 수준인지 등을 알아내고자 한다. GPS 좌표를 사용하면 화덕을 쉽게 찾아낼 수 있다. 우리는 이 일이 첨단 기술을 재래 기술 환경에서 사용하는 훌륭한 사례이며, IoT의 큰 잠재성을 보여준다고 보았다.

더 많은 데이터를 IoT로 수집할수록, 더 많은 질문들을 끄집어내게 된다. 가지각색의 적용 사례들과, '누가 가장 큰 이득을 볼 것이냐?'에 대해서 말이다. 글렌 올멘딩거는 데이터의 1차적, 2차적, 그리고 3차적 활용도에 관해 이야기했다.

당신이 뭘 연결하든, 거기에는 다소간 1차적 가치가 있기 마련이지요. 통신형 전기 플러그를 예로 들어 생각해봅시다. 일단 제가 연결한 것이 무엇이든 저는 멀리서 그것을 켜고 끌 수 있습니다. 그렇죠? 그렇지만 전류의 특성에서 비롯되는 2차적 가치가 있습니다. 세탁기의 경우에 2차적 가치는, 전류의 특징을 읽고 패턴에 어떤 변화가 있음을 알려주는 기능이 있는 지능형 디바이스에서 비롯됩니다. 그러니까 로터rotor와 모터의 상태를 파악해서 수리가 필요한지를 알려줄 수 있지요. 이것은 세 번째 포인트로 이어집니다. 우리는 월풀Whirlpool과 이탈리아의 가전기기 제조사인 인데싯Indesit 때문에 3차적 가치에도 주목하게 됐습니다. 그들은 언급하기를, 사람들이 최신 가전기기를 구매할 때 같은 브랜드를 선택하는 경우가 50퍼센트뿐이라고 했습니다. 제조사의 브랜드보다는 사용 가치가 우선인 거지요. 그들은 이러한 기계들로 사람들이 무엇을 하는지 알아내고 싶었어요. 그것을 통해 사람들의 니즈를 충족시켜줄 더 나은 제품을 설계하고, 궁극적으로 고객의 더 높은 브랜드 충성도를 만들어낼 수 있게 되기를 바랐으니까요.

일단 1차적인 이유로 어떤 장치든 연결되면, 2차적, 3차적 가치도 거기에서 흘러나올 겁니다. 예를 들어 의료 장비 분야를 보면, 스테리스Steris는 헬스케어 산업에서 살균소독기 시장의 80퍼센트를 점유하고 있죠. 하지만 소독기 그 자체만으로는 그다지 큰 가치가 없어요. 병원들이 실제로 필요한 수보다 더 많은 소독기를 사다 놓으니까요. 그렇기 때문에 본질적으로 "소독기가 어디에 얼마나 있는가를 다른 곳에서도 파악할 필요가 있는가?" 싶네요. 그렇지만 당신이 그 살균소독기를 정말로 (병원에서 경제적으로 가장 수익성이 높은 부분인) 수술을 할 때 사용되는 많은 기구들이 피해갈 수 없는 핵심 관문이라고 바라보게 된다면 어떨까요? 그러면 당신은 이러한 2차적, 3차적 가치들 중 하나를 불현듯 발견하게 될 겁니다. 제가 그러한 소독기들이 병원 내 공급망 중에서 기구의 살균세정 단계 내의 어딘가에 있는지 안다는 것은, 제가 수술의 가치사슬과 연관된, 그러니까 가치 있는 어떤 것을 알고 있다는 뜻입니다.

이 모든 경우에서 당신이 공유 데이터의 가치나 데이터 융합의 가치를 얻기 전이더라도, 일단 그 데이터가 유용하게 만들어지면, 당신이 그걸로 할 수 있는 것들이 아주 많아질 거라는 사실을 사람들은 알아차리지 못할 겁니다. 그러니까 그것의 1차적 목적 말고도 할 수 있는 것들 말이지요. 이 모든 것이 다시금 단순, 복합, 종합 가치라는 개념을 한데 묶어줍니다. 두바이에서 모든 응급 구난 장비를 모니터링할 수 있도록 시행했던 사례를 봅시다. 그러니까 두바이에 있는 모든 응급 차량들을 이 응급 구난 장비에 묶어준 것은 위치 정보 앱이었습니다. 그 어플리케이션은 경보기가 울리면, 경보가 가리키는 것이 무엇이든지 간에, 그에 관련한 모든 가용한 응급 구난 장비가 어디에 있는지를 파악할 수 있게 해줍니다. 그래서 화재가 났다면 그들은 신속하게 소방차를 보낼 수 있습니다. 이게 '복합 가치'의 간단한 버전이기도 하지요. 일단 그 데이터가 실제로 제3자가 인접한 어플리케이션에 자유롭게 사용할 수 있도록 된다면, 그때에 비로소 이 모든 복합화가 의미 있는 역할을 하기 시작하겠지요.

우리가 관찰했듯이, IoT 분야의 성공적인 적용 사례들에는 되풀이되는 주제가 많다. 드라이브캠과 바디미디어 사례에서의 직접적인 사용자 피드백, 바디미디어와 옴니링크와 코펜하겐 휠 사례에서의 상황 정보를 더한 피드백, 그리고 UBI나 고가 자산 도난 방지용 추적 시스템에서의 개선된 위험 관리 등이 그것이다.

IoT 적용 사례에서의 커다란 도전 사례 중 하나는 '수직적 적용 사례와 수평적 기술 플랫폼 사이의 단절'이라고 할 수 있다. 그러니까 각각의 적용 사례가 디바이스의 폼팩터와 사용자 경험의 측면에서 고객에게 점점 더 많이 맞춰질수록, 그 사례는 점점 더 성공적일 것이다. 그러면서 바로 이 '맞춤형'이라는 것은 비용과 복잡도를 끌어올리게 된다. 결국 과도한 맞춤 행위와 기존의 범용 기술 플랫폼 사이에서 적절한 타협점을 찾아내는 것이, IoT를 규모 있게 성장시키는 작업의 핵심이라고 할 수 있다.

에릭슨Ericsson에서 근무하는 요아니스 피쿠오라스는 이 문제에 대해 다음과 같이 설명한다.

> 저는 IoT의 도전 과제는 사실상 가치가 낮은 적용 사례의 뒤편에 숨어있는 상용화 문제를 해결하는 데 달려있다고 봅니다. 그리고 우리가 이러한 적용 사례들이 상업적으로 가능하도록 만들어낼 수 있게 될 때, IoT 전체가 정말로 하늘을 향해 날아오를 거라고 봅니다. 오늘날 사람들이 토론하는 많은 적용 사례들은 실제로 큰 가치를 가졌지요. 그러니까 비싼 의료 장비, 보안, 관련 적용 사례와 같은 고수익 고급 가치의 예들 말이지요. 그 서비스가 사람들에게 '생사를 가를 정도로' 중대한 효과를 준다고 인식된다면, 그 서비스에 기꺼이 많은 돈을 지불하려고 할 겁니다. 하지만 이런 적용 사례들을 좀 더 분할해서 살펴보면, 그런 경우는 전체에서 매우 작은 비율, 아마도 5퍼센트 정도에 불과하다는 사실을 알 수 있을 겁니다.

> 저는 그 나머지 95퍼센트의 적용 사례들에서 더 흥미로운 것을 찾아냈지요. 그런 것들은 대개 가장 매력적인 것도 아니고, 삶과 죽음을 가를 만큼 중요한 것도 아닙니다. 이러한 것들로

는 자판기라든지, 의료용 사물함이나, 마트의 통신형 카트, 또는 개별 가치는 낮으나 믿을 수 없을 만큼 큰 볼륨을 가진 몇몇 시나리오 같은 것들을 들 수 있습니다. 에릭슨의 관점에서 보면, "디바이스당 매력도는 그다지 높지 않더라도, 고수익 사례의 판매량보다 열 배 이상 큰 볼륨을 이끌어내는 적용 사례는 무엇일까?"를 생각해보는 것도 매우 흥미롭겠지요.

이 장에서 우리는 일부 성공적인 적용 사례와, 그다지 성공적이지 않은 적용 사례를 살펴보았다. 무엇이 가능하고, 무엇을 해왔고, 무엇을 해오지 않았는지에 관한 의견을 우리에게 준 것과는 별개로, 검토하고 있는 적용 사례들은 "당신이 추구하는 IoT 영역에서의 하나 또는 여러 개의 적용 사례를 잘 이해할 수 있게 만들어내는 것이 얼마나 중요한가!"를 우리에게 잘 보여준다. 결국, 휴렛패커드의 키티호크 사례에서 보았듯이, 그 기술을 위한 올바른 적용 사례를 이해하는 것이 성공적인 성장의 길로 이끌어 줄 것이다.

그러니 일단 당신이 적용 사례들을 이해한 뒤 시장의 니즈가 무엇이며, 그러한 니즈를 어떻게 채울 수 있는지에 따라 의사 결정을 할 수 있는 역량을 가지게 되었다면, 이 다음에는 무슨 일이 벌어질까? 제6장에서 우리는 IoT 제품을 시장에 출시하는 데 무엇이 요구되는지를 자세히 살펴볼 것이다.

6장. 시장 진출

좋은 판단은 경험에서 나온다. 하지만 경험은 나쁜 판단에서 나온다.

_ 스탠퍼드 대학의 국장 겸 관리자 브루스 던레비

영어권 사람들이 좋아하는 코미디 프로그램인 〈몬티 파이선 Monty Python〉에는 킬리만자로 원정 관련 에피소드가 있다. 조지 헤드 경(존 클리스 분)과 아서 윌슨(에릭 아이들 분)의 대화를 보면 조지 헤드 경이 악성 복시複視를 앓고 있으며, 킬리만자로 탐험의 복잡성을 거의 이해하지 못한다는 사실을 알 수 있다.[1]

---

1 Luke Dempsey, "Monty Python's Flying Circus: Complete and Annotated All the Bits," Python Productions, Ltd., 159. (Source: http://en.wikipedia.org/wiki/Kilimanjaro_Expedition)

윌슨: 그러면 어떤 2개 경로를 선택하시렵니까?

헤드: 좋은 질문이군요. … 내가 선택하면 되나요? 음, 우리
는 1월 22일에 출발해서 이 루트를 따라갈 겁니다. [대
형 지도로 다가선다. 지도에는 명료하게 '서리Surrey'라고
적혀있다.] 펄리들(Purleys)을 통과하는 A23번 도로들
을 따라서 레더헤드들(Leatherheads)을 피해 퍼브라이트
들(Purbrights) 가까이까지 내려간 다음에, A231 도로들
을 타고 가서 로팅딘들(Rottingdeans)의 북쪽에서 진입
할 겁니다. 로팅딘들에서는 아프리카를 관통해서 케냐
의 나이로비들(Nairobis)로 갈 거요. 우리는 나이로비 외
곽 남쪽 도로를 따라 12마일 정도 간 다음에 거기서 길
을 물어볼 겁니다.[2]

윌슨: 헤드 경, 스와힐리어를 할 줄 아는 사람이 있나요?

헤드: 아, 물론이죠, 그럴 줄 아는 사람 대다수가 거기로 내려
가겠죠.

바로 이 전형적인 〈몬티 파이선〉 이야기의 핵심은, "(구체적인
영국 내 도로들에 대한 이야기만 언급했듯이) 비본질적인 문제들에 얼
마나 많이 주목하면서 정작 "킬리만자로에는 어떻게 찾아갈지,

---

2 헤더 경의 복시로 인해 지도상의 모든 지명과 도로가 2개로 보임을 표현했다. _옮긴이 주

그리고 팀에 현지 언어를 구사하는 팀원이 있는지?" 같은 탐험의 가장 중요한 부분에는 거의 주목하지 않는다는 것이다.

이런 일이 IoT 시장으로 향하는 여행에서도 종종 일어난다. 사람들이 기술에 과도하게 집중하는 반면, 다른 측면들에 대해서는 충분히 관심을 기울이지 않는 것이다. 그 다른 측면들이란 사용자의 경험, 비즈니스 모델, 판매 채널, 또는 그들이 '기술 분야의 스와힐리어'를 하지 못하는 잘못된 팀을 데리고 있다는 것 등이다.

어쩌면 어떤 측면에서는 IoT 서비스를 기꺼이 시작하고자하는 은행, 보험사, 자동차 제조 회사, 소매업체, 운송 회사와 같은 비非기술 전문 기업(non-tech company)이 잘 해낼 수도 있다. 단지 그들의 사업을 잘하기 위해서 사물인터넷의 파워와 효익을 활용한다면 말이다. IoT 기술이나 시스템 통합 등에 관한 과도한 고민도 할 필요는 없을 것이다. 기술은 거기에도 있을 것이고, 아마도 끊김없이 작동할 것이다. 이런 때가 오면 사물인터넷의 성공과 성장도 보장될 것이다.

그렇지만 오늘날, 시장에 진입하려면 진행 과정상의 모든 측면에 대해 특별히 주의를 기울여야 한다. 기술에서부터 시장의 인지까지, 생태계에서부터 비즈니스 모델까지 말이다.

도널드 A. 노먼은 그의 책 《디자인과 인간 심리》[3]에서 "사용

---

3 Donald A. Norman, *The Design of Everyday Things* (New York: Basic Books, 1988).

하기 쉬운 기술은 제품을 시장에 출시하는 데 도움이 된다. 아울러 그 제품의 성공을 궁극적으로 좌우한다"고 했다. 우리는 '사용하기 쉬운'이라는 문구를 더 넓은 시각에서 바라보고자 한다. 즉, 이 문구가 단순히 "최종 제품이 얼마나 사용하기 쉬운가?", 그러니까 "사용자 인터페이스가 얼마나 직관적인가?"에 대한 것일 뿐만 아니라, "제품을 시장에 내놓기가 얼마나 쉽거나 어려운가?"에 대한 것이라고 생각하고 싶다. IoT 제품을 출시하려는 회사는, 제품을 시장에 내놓게 하는 기술의 사용자이기도 하다. 우리는 이 장에서 기술, 프로세스, 그리고 제품을 시장으로 전달하는 일반적인 비즈니스 양상에 관해 논의할 것이다. 그리고 다음 장에서는 구체적인 비즈니스 모델 측면을 다룰 것이다.

기술은 대부분의 분야에서 즉각 사용할 수 있게 되며, 가격은 지속적으로 하락하고 있다. 그런데도 IoT 제품을 출시하는 일은 여전히 아주 복잡한 작업이다. 회사들과 사업가들은 성공에 이르기 전에 수많은 시행착오도 겪어야만 한다. 그래도 그들이 이길 가능성은 현재까지는 많지 않다.

가끔씩, 회사들은 그들 스스로가 진입하고 있는 분야의 복잡도를 제대로 알아차리지 못한다. 존 엘리엇은 "중역들과 기술자들은 IoT 제품을 시장에 내놓은 일이 얼마나 복잡하고 어려운지에 대해 지속적으로 과소평가하고 있습니다"라고 말했다. 이전 장들에서 보았듯이, IoT 기술을 채택하는 곳이 기존에는 전통적인 기술 전문 회사였지만, 어느새 이동통신 기술과 거의 상관 없는 회사로 바뀌고 있다.

사물인터넷의 잠재력을 실현하기 위해서 회사들은 앞으로도 기술 속으로 깊숙이 빠져들어야 한다. 그리고 반드시 적절한 재능을 보유하고 있거나, 역량 있는 사업자와 제휴해야 한다. 이는 잠재적으로 잘못된 방향으로 빠질 수 있는 것들이 너무 많기 때문이다.

몇 년 전에 나(대니얼 오보돕스키)는 위치 추적 전용 플랫폼을 출시하는 프로젝트를 맡았다. 요약해서 말하자면, 우리가 칩과 참조 설계(reference design)를 제공하면, 다른 회사들이 이것으로 소형의, 저가에, 배터리 수명이 긴 추적 장치를 만들 수 있게 해주었다는 의미다. 그 플랫폼은 야외에서든 실내에서든 상관없이 디바이스의 위치를 찾아내기 위하여 GPS와 이동통신망을 이용했다.

이 개념은 퀄컴 R&D 그룹에서 유래된 바, 그들이 기술 혁신의 핵심 단초를 몇 가지 제공했다. 첫째, 참조 설계가 작아서 USB 메모리 정도 크기의 휴대성이 아주 좋은 디바이스를 만들 수 있었다. 그 당시 대부분의 GPS 추적 장치는 크기가 벽돌만했다. 둘째, 대다수의 가용 디바이스들에 비해서 상대적으로 비싸지 않았다. 셋째, 지능형 알고리즘이 들어있어서, 한번 충전하면 몇 개월간 쓸 수 있을 만큼 배터리 수명이 극적으로 늘어날 수 있었다. 넷째, 앞서 언급했던 대로, 그 디바이스는 야외에서든 실내에서든 위치를 알려주었다. 하지만 그 당시 대부분의 GPS 장치는 그렇게 하지 못했다.

그러면 그러한 장비를 누가 사용하며, 왜 사용했을까? 처음부터 우리는 거대한 잠재력을 보았다. 사람들은 아이들, 반려동물, 연로한 친지들 같은 사랑하는 이들의 위치를 파악할 수 있을 것이다. 회사는 화물과 소포의 위치를 파악할 수 있고, 사법 당국에서는 장물을 찾아낼 수 있고, 항공사는 분실된 수하물을 추적할 수 있고, 그 밖에 다양한 일들을 할 수 있을 것이다. 여기서 '잠재력'이라는 말은 수백만 개 또는 수천만 개나 되는 디바이스가 팔릴 수 있다는 사실을 의미한다.

그렇지만 수백만 개나 되는 디바이스들을 판매하려면, 일단 그 중 한 개라도 팔아야 한다. 그러려면 당신이 알아야 할 것들이 있다. 즉, "누가 이런 것을 살 것인가?", "그들은 왜 이런 것을 사려고 하는가?", 그리고 "그들이 정말로 사려고 하는 것은 무엇인가?" 같은 것들이다. 다시 말하면, 우리 회사는 오직 참조 설계와 제어 서버만을 제공했을 뿐이지만, 제품의 완전한 성공을 보장하려면 우리는 완전한 생태계를 구축해야 했다는 뜻이다.

그 제품의 생태계에는 우리의 참조 설계에 따라 디바이스를 만드는 하드웨어 제조사, 재고를 취급하고 주문 처리나 반품 등을 관리하는 유통사가 포함되었다. 또한 여기에는 디바이스에 데이터 연결connectivity을 제공하는 통신사업자도 있었다. 그 서비스는 그들의 통신망을 이용했다. 이 생태계에는 특정한 시장에 맞는 어플리케이션을 공급하는 몇 개의 어플리케이션 서비스 제공업체(ASP)도 포함되었다. 그 어플리케이션은 본질적으로 컴퓨터나 스마트폰에서 디바이스의 위치와 움직임을 한눈에 볼 수 있는 지도에 접속하는 것을 말한다. 마지막으로, 그리고 가장 중요하게도, 자신들의 니즈를 채워줄 디바이스와 서비스를 기꺼이 구매할 고객이 있어야 했다. 이러한 모든 파트너들이 합쳐져야만 완전한 (end-to-end) 제품을 내놓을 수 있다.

내가 그 프로젝트를 맡았을 때, 내 상사는 "거의 불가능한 일이 될 걸세"라고 경고했었는데, 그가 옳았다. 복잡성의 첫 부분은 이러한 모든 각양각색의 파트너들을 관리하는 일이었다. 하지만 그들이 없이는 최종 제품을 출시할 방법 또한 전혀 없었다.

일단 우리가 기준 고객(anchor customer)을 찾아내자, 일이 아주 더 빨리 진행되기 시작했다. 그 기준 고객은 미국 최고의 이동통신 사업자들 중 하나로, 대규모 기업 대상 영업 조직을 가지고 있으며, 그들의 고객에게 배터리 수명이 긴 저가형 추적 장치가 필요하다는 것도 알고 있었다. 이런 이유로 우리 회사에 고객이 생기자, 유통사와 ASP 회사를 확보하기가 훨씬 더 쉬워졌다.

그러나 더 많은 도전들은 진행 과정에서 나왔다. 우리와 함께 일을 시작한 디바이스 제조사는 기업용 디바이스에 관한 경험이 많지는 않았다. 그런데 일반적으로 기업용 디바이스는 소비자용 디바이스보다 훨씬 더 튼튼해야 한다. 결국 그 제조사는 실행을 계속 미루다가 어느 날 파산을 선언했다. 그래서 주요 사업자로 검증된 또 다른 회사에 하드웨어 설계를 다시 맡겨야 했다. 그런데 우리는 여러 차례의 협상 끝에 일을 환상적으로 해온 주요 OEM 제조사를 잡는 데 성공했다.

마침내, 우리는 하드웨어 관련 이슈를 해결했고, 이동통신사의 조직적인 도전도 극복했으며, 몇몇 ASP들과는 비즈니스 모델을 제휴했고, 소비자 시장과 기업 시장 둘 다를 아우르는 몇몇 시장에 우리 제품을 출시하는 일도 마무리했다. 특히, 우리는 값비싼 화물의 위치를 파악하고 상태를 감시할 수 있게 해주는 기업용 디바이스를 출시했다. 아울러 주요 소매 회사와 함께 어린이 위치 추적 장치와 알츠하이머 환자 위치 추적 장치까지 출시했다.

이때는 성장과 발전의 시기였다. 우리 상사인 부사장은 우리의 파트너들이 새로운 디바이스를 출시할 수 있게 해주는 단순한 방법, 그러니까 그가 '요리책(cookbook)'이라고 부르는 것을 제작해 달라고 요청했다. 몇 번의 시도 끝에, 우리는 새로운 디바이스와 서비스를 출시하는 과정에 있는 그 모든 복잡성을 간단한 요리책 안에 서술할 수 없다는 점을 깨달았다.

존 엘리엇은 이렇게 회상한다.

지금 현재 당신이라면 고객에게 바로 이 자리에서 간단한

99-단계 프로세스를 어떻게 설명할 수 있을까요? 물론 칩을 선택한 뒤 모듈 제조사와 하드웨어 설계 회사를 선택하고 나면, 디바이스를 업그레이드할 수 있게 됩니다. 그런데 이쯤에서 FCC 인증을 어떻게 받아야 하고, 또 이쯤에서 통신사업자 인증을 어떻게 받아야 하는지 알아야 합니다. 그러니까 각 단계마다 다중적인 변수들과 결정해야 할 요소가 있어요. 여기까지는 단지 디바이스 조달에 관한 부분일 뿐이고요. 그 다음에는 이동통신사의 통신망과 통합시키고, 응용 프로그램도 통합해야 합니다. 그러니 우리가 어떤 시도를 하든, 우리는 간단한 요리책을 만들어낼 수 없었습니다. 그러니까 그 요리책의 [개념]이 당시에 불충분했던 거지요. 그 요리책의 [개념]은 지금도 불충분합니다.

복잡성이 (요리책을) 죽인 것이다. 그렇지만, 많은 것들이 더욱 간단해졌다. 예를 들면, 이동통신 사업자의 통신망에 맞는 통신형 디바이스를 공급하는 것이 그러하다. 이는 엔페이즈, 재스퍼, 콜리 텔레메틱스와 같은 회사들의 CDP(Connected Device Platform) 덕분이다. 이동통신 사업자들은 그들의 고객들이 제품을 시장에 출시하는 것을 도와야 할 필요가 있다는 사실도 인정했다. 글렌 루리는 통신형 디바이스를 출시하는 회사들에 대해 이렇게 말한다. "그 회사들이 갈수록 더 잘해낸다면, 그건 제게도 물건이 더 저렴해진다는 뜻이기도 합니다. 물론 이건 단지 인증에 관한 이야기가 아닙니다. 당신들은 사업 활성화와 고객 서비스에 관한 이야기를 시작했어야 했어요. 그런데 디바이스 모니터링(기술)에 관해서만 이야기해왔지요. 이러한 사업자들 중 많은 이들을 위해서 우리가 시작하고 있는 것에는 아주 다양한 측면들이 있습니다.

제대로 된 하드웨어를 확보하는 일은 여전히 도전적인 과제다. 시장은 기술을 가진 사업자들로 가득하다. 그들은 훌륭한 디바이스를 개발해 구축할 수 있고, 제품을 인증받는 데 도움이 될 수 있으며, 소프트웨어를 작성할 수 있고, 장치가 이동통신망에서 작동되도록 도와줄 수도 있고, 백오피스back-office의 소프트웨어와 통합할 수도 있다. 그렇지만 당신을 고객으로 여겨서 손잡고 데리고 간 뒤, 완전한 IoT 솔루션을 시장에 내놓는 모든 과정을 처음부터 끝까지 차근차근 보여줄 이는 사실상 없다.

문제점들 중 하나는 IoT 시장들이 지나치게 파편화되어있다는 것이다. 타오글라스Taoglas의 CEO 겸 설립자인 더멋 오셔에 따르면, IoT 하드웨어 제조업체들 사이에서 초기의 합종연횡은 텔레메틱스[4]와 UBI 분야에서 시작되었다고 한다. 그러니까 그 분야의 디바이스들이 더욱 표준화되고 있다는 것이다. 예를 들어 자동차

---

4 telematics. 차량과 무선 통신을 결합하여 운전자가 차량·운행 관련 정보를 활용할 수 있게 하는 기술이다. Telecommunication과 Informatics의 합성어다. _옮긴이 주

의 OBD-II 포트에 꽂아 넣는 작은 통신형 디바이스들은 점점 더 유사해지고 있으며, 2~3개의 주요 제조사(OEM)가 그것을 만들고 있다. 기업들 간의 합병으로 사업자별 규모가 커지면, 비용이 줄어들고 구현하기도 쉬워진다. 텔레매틱스 분야와 전기계량기 분야를 제외하면, 아직은 큰 볼륨의 IoT 프로젝트가 많지 않다.

대부분의 프로젝트들에는 5천 개, 1만 개, 또는 어쩌면 5만 개의 디바이스가 쓰이고 있을 것이다. 그중 어떤 프로젝트가 수십만 개 또는 수백만 개에 이르게 될지, 그리고 언제 그렇게 될지 명확하지 않다. 여기서 모순은 이미 많은 시장 실험이 일어나고 있다는 사실이다. 하나의 솔루션으로 모든 것에 맞출 수 없다 보니 이러한 큰 규모로 볼륨을 끌어 모으는 것이 매우 어렵기 때문이다. 결과적으로, 대형 서비스 공급 업체들은 다수의 소규모 일회성 프로젝트를 하기를 꺼리고 있다. 그래서 IoT 프로젝트를 시작하려고 하는 회사들도 상당히 많은 자체 프로젝트를 진행한다. 그 회사들은 경험이 아주 많고 고도의 기술을 보유한 프로젝트 관리자를 고용한 뒤, 그가 솔루션을 순차적으로 출시하는 데 도움이 될 모든 적합한 회사들과 계약자들을 끌어들이게 하든지, 아니면 경험 많은 하드웨어 디자인 팀을 고용해서 내부 경쟁력을 성장시키는 노력을 기울이든지 해야 할 것이다.

이런 상황은 1990년대 중반에 인터넷이 확산되면서 이루어진 웹사이트 개발과 어느 정도 비슷하다. 그 당시에 과연 인터넷이 어디를 향해서 가고 있었던지를, 그리고 그들의 비즈니스 방식에 틀림없이 대변혁이 일어나리라는 것을 알았던 사람은 많지 않았다. 오늘날에는 많은 통신형 디바이스들을 이런 식으로 바라보고 있다. 대부분의 기업은 웹 보유[5]가 필요하다고 인식하고 있었다. 적어도 고객에게 정보를 제공해서 콜 센터 비용을 줄일 수 있도록 말이다. 회사들은 웹 개발 회사에 외주를 주거나, 사내 경쟁력 향상을 위해 자체 IT 부서를 통해 개발시키기도 했다. 그럼에도 불구하고, 근본적으로 다른 점은 하드웨어였다. 그 당시까지는 마이크로소프트의 윈도우즈가 구동되는 PC가 중요한 근간이었으므로, 하드웨어적인 위험은 미미했다.

　IoT와 관련된 현재 상황은 그렇지 않다. 통신형 디바이스는 설계, 개발, 시험, 인증, 제조 같은 과정이 필요하다. 결과적으로, 하드웨어가 IoT의 세상에서 가장 심각한 병목이다.

　게다가, 무선 통신 기술은 '거대한 이점'과 '거대한 도전'이라는 양면을 모두 가지고 있다. 무선 통신 기술로 말미암아 선이 사라지게 되고 통신형 디바이스의 위치 문제가 해소 되었다. 동시에 안테나의 위치가 중요한 문제로 떠올랐다. 이는 디바이스가 소형화되고 더 많은 무선 통신 기술들, 예를 들면 2G, 3G, 4G 이동통신, Wi-Fi, 블루투스, NFC, 그리고 GPS 등이 한 디바이스 안

5　Web presence, 인터넷을 통해 접속 가능한 웹사이트를 가지는 것이다. _옮긴이 주

에 꽉 들어차게 되었기 때문이다.

더멋 오셔에 따르면 이렇다.

> 가장 크나큰 도전은 고객들이 셀룰러 무선기술에 대한 경험
> 이 많지 않다는 점이었습니다. 그러니까, 당신이 사전인증을
> 거친 모듈을 살 수는 있겠지만, 사전인증을 거친 안테나는 살
> 수 없지요. 그리고 안테나야말로 가장 공통적인 '실패하게 되
> 는 사항' 중 하나입니다. 대다수 고객들이 소프트웨어나 하드
> 웨어는 이해하지만, 무선 주파수나 안테나에 관한 전문 지식
> 을 가지고 있는 경우는 거의 없지요.

우리는 디바이스를 시장에 더 빠르게 내놓을 수 있도록 도와줄
새로운 유형의 가상 IoT 제조사(OEM)가 결국 생겨나리라고 예상
한다. 그들은 많은 부품을 재사용함으로써 하드웨어적인 위험을
최소화시킬 것이다. 이 OEM들은 하드웨어의 시장 출시 프로세
스를 극적으로 단순화시키는 방법을 찾아낼 것이다. 또한 큰 비
용을 들이지 않으면서도 소량의 신형 디바이스들을 출시할 수도
있을 것이다. 그들은 제3자 응용프로그램으로 제3자의 센서와 제
공받은 디바이스를 통신망에 빠르게 반복 적용하고 또 통합할 수
있게 될 것이다.

이미 오늘날의 무선 통신 모듈은 재사용 가능한 부품이 되었

다. 모듈은 전지, 안테나, 버튼, LED, 그리고 커버를 제외한 모든 필요한 전자 부품들과 소자들이 들어있는 기판을 말한다. 같은 OEM에서 나온 서로 다른 모듈들은 종종 '접속 핀끼리 호환(pin-to-pin compatibility)'되기도 한다. 이 말은 다른 기능이 요구될 때 모듈끼리 쉽게 교체할 수도 있다는 의미다. 예를 들면, 어떤 모듈은 3G 이동통신 연결 기능만을 가지고 있을 수 있고, 반면에 또 다른 모듈은 가속도계뿐만 아니라 그 기판 위에 몇 개의 센서들도 장착하고 있을 수도 있다.

많은 혁신이 안테나 분야에서도 일어나고 있다. 더멋 오셔에 따르면, 자체적으로 동조가 가능한 능동형 안테나는 이미 스마트폰의 일부가 되어 시장에 나오고 있다. 그것은 디바이스에 맞는 일정한 크기로 표준화될 것이기에, 이런 주요 쟁점은 사라질 수 있다 그렇지만 디바이스가 더 작아질수록 안테나 설계 분야에서는 더 큰 도전 과제가 남아있을 것이다. 예를 들면, 의료 분야에서는 맞춤화(customization)가 여전히 많이 요구되고 있다.

몇 가지 예외가 있기는 하지만, 일반적으로 IoT 서비스를 출시하는 회사들이 디바이스를 자체적으로 제작하는 것은 이해하기 어렵다. 많은 경우에 기존 OEM들이 디바이스를 더 빠르고 더 싸게 제조할 수도 있기 때문이다. 소량이라도 충분히 매력적인 사업이라고 그들이 보는 한 말이다.

신제품을 시장에 내놓는 과정에 따르는 그 모든 복잡성과 장애에도 불구하고, 일부 회사들이 하드웨어에 대한 비전통적 접근과 재빠른 반복을 통해서 어떻게 놀라운 성공을 거두었는가를 보는 것은 참신하고 즐거운 일이다. 특히 IoT 분야에서 가장 확실하게 지켜지고 있는 비밀은, 프로콘의 CTO 겸 설립자인 마크 웰스가 샌디에이고의 어느 트레일러에서 회사를 설립한 후 텔레매틱스 분야의 핵심 사업자 중 하나가 되고, 수백만 개의 디바이스들을 판매하고서 마침내 대규모 사모펀드의 투자를 받았다는 사실이다.

전 노키아 중역이며 기업가였던 마크는 2003년에 5개의 서로 다른 회사에 자문을 해주면서 그 자신이 투자할만한 최상의 회사를 찾고 있었다. 마크의 주목을 끌었던 아이디어는 자동차를 추적하거나 청소년 운전자를 관찰하는 데 중고 휴대폰을 활용해보자는 것이었다. 그 당시에 중고 휴대폰 가격은 대당 5~10달러 정도였지만, 신형 이동통신 모뎀 가격은 100달러가 넘었다. 이것이 마크의 회사인 프로콘(당시에는 드라이브오케이DriveOK라고 불렸다)에는 가격에 민감한 시장에서의 우위를 제공해주었다. 또한 기성품인 중고 휴대폰을 활용하게 되면서, 마크는 안테나 설계나 이동통신사 인증, 또는 제조사에 제품을 소량 생산해달라고 설득해야 하는 일들을 걱정하지 않아도 되었다.

마크는 이렇게 말한다.

우리는 우리의 운명을 완벽하게 제어하기로 결심했어요. 그것은 구형 휴대폰으로 하드웨어를 만들고, 기반을 구축하고, 이동통신 사업자들과 좋은 관계를 맺고, B2C 웹사이트를 개설하고, 실제로 청소년 운전자들의 부모에게 웹에서 직접 판매하는 것이지요. 빨리 판매를 시작하는 것이 관건이었습니다.

마크는 웹사이트와 추적 프로그램을 설치했다. 이로써 고객은 모든 휴대폰의 위치를 실시간에 구글 지도로 볼 수 있게 되었다. 그 어플리케이션은 지오펜스geofence나 속도 경보계와 같은 기능이 있어서, 청소년들이 속도를 내거나 위험하게 운전하는 모습을 보여줄 수 있었다. 마케팅을 위해서 프로콘은 구글애드워즈Google AdWords를 사용했다. 구글애드워즈는 당시에는 신규 브랜드라서 널리 알려지지는 않았었다.

프로콘은 전형적인 '차고 창업 방식(garage start-up)'을 그대로 따랐다. 마크는 이렇게 말한다.

우리는 800평방피트 크기의 작은 트레일러를 샌디에이고의 퍼시픽비치Pacific Beach에 가지고 있었죠. 그게 우리 사무실이었습니다. 냉방기도, 난방기도 없었습니다. 여름에는 모두들 반바지를 입었고, 겨울에는 장갑을 끼었습니다. 코스트코에서 사온 선반이 우리의 생산 라인이었죠.

프로콘은 티모바일T-Mobile에서 사온 중고 휴대폰에서 뜯어낸 통신용 내장 회로기판을 활용해서 '최초의 하드웨어'를 만들었다. 티모바일에는 중고 휴대폰이 넘쳐났는데, 이는 사람들이 구형 휴대폰을 신형으로 기변한 덕이었다. 사람들은 그러한 중고 휴대폰을 헐값에 파는 것을 마다하지 않았던 것이다. 마크와 그의 팀은 그저 커버와 화면과 키보드를 제거한 다음에 GPS 보드와 배터리와 전원선을 붙여 새로운 하우징에 집어넣기만 하면 되었다. 그리고 모든 디바이스를 시험한 후에 고객에게 발송했다.

마크는 이렇게 회상한다.

GPS로 자동차들과 배들을 추적한다는 생각을 우리가 최초로 한 것은 아니었어요. 하지만 우리는 엄청난 비용상의 이점을 얻었지요. 또한 우리는 이런 사업을 '비 기업 대상 판매 방식'[6]으로 바꾼 회사였습니다. 그러니까 개인이 웹에서 구매하기만 하면, 우리는 그가 있는 곳으로 디바이스를 배송해주는 식이죠. 우리 사업에서 대단한 것은 매출이 하드웨어와 월정 이용료에서 나온다는 겁니다. 물론 하드웨어도 돈을 좀 벌기는 했는데, 곧바로 하드웨어와 번들해서 연간 단위 서비스 요금제

---

6 non-enterprise-level sale, 기존에 이 분야 사업은 대개 기업을 대상으로 하는 B2B 형태였지만, 마크 등은 일반 소비자를 대상으로 판매하는 B2C 형태 비즈니스 모델로 전환했다는 의미로 해석할 수 있다. _옮긴이 주

판매 방식을 배웠지요. 우리는 그 번들 상품에 대해 20퍼센트에서 30퍼센트 할인을 제공해주었는데, 그 덕에 모든 돈을 선불로 받게 되었습니다. 그 모델이 결국 우리 벤처 비즈니스 전체를 지원해주는 셈이 되었고요. 그게 가능했던 이유는 고객이 가입하면서 내는 모든 현금을 우리가 미리 수납하고도, 우리는 통신사에 1년 동안 비용을 지불하지 않아도 되었기 때문입니다. 기본적으로 고객의 돈으로 사업자금을 댄 셈이 되었고, 그게 우리 사업을 키운 방법이었습니다. 그 결과, 벤처 투자자본을 전혀 받지 않았고, 결국 우리 회사의 운명까지 온전히 소유하게 되었지요.

마크는 제품을 개량하고 새로운 시장을 발견해내는 방법을 처음부터 항상 찾았다. 그러면서 마크는 많은 것을 즉흥적으로 해내야 했다. 그는 이렇게 말한다.

저는 반복실행(iteration)에 관한 굉장히 많은 책들을 읽어봤습니다. 우리는 뭔가를 개선해야 할 때, 완전하지는 않겠지만, 웹을 통해 많은 피드백을 얻어서 재빠르게 고치고 조정할 수 있겠지요. 우리가 가격을 낮추면서도 더 많은 기능을 넣기 위해 제품을 지속적으로 수정해나가는 동안, 또 다른 버티컬 시장이 나타났습니다. 상용 차량들을 추적하는 차량 관제 사업이었죠. 첫 번째 고객은 미주리 주에서 트럭 20대를 운영하는 벌목 회사였습니다. 그 회사는 그 트럭들 모두의 위치를 추적해야 한다고 했어요. 그래서 우리는 20개를 판매했어요. 그러면서 우리가 새로운 시장을 보고 있다는 것을 깨달았습니다.

우리는 웹 사이트를 구축하기 시작했어요. 소규모 차량 편대(fleet) 추적 장치인 그것을 우리는 플릿로케이트Fleet Locate라고 불렀습니다. 그런 다음에 우리가 시스로케이트SysLocate라고 불렀던 자동차 구매용 웹사이트를 만들었지요. 선박을 추적하는 데 쓰는 웹사이트는 보트로케이트BoatLocate라고 불렀고요. 우리는 '뭐든 일단 시도해보자'는 식이었지요. 다른 시장에 있는 누군가가 일단 우리 서비스에 관심을 보이면, 우리는 서둘러 웹사이트부터 구축하고, 기능을 수정하고, 브랜드명을 바꾸고, 구글애드워즈에 올렸습니다. 일주일도 채 안되어 우리는 그것이 올바른 방향으로 가는지, 아니면 그릇된 방향으로 가는지 알 수 있게 되었습니다.

후속 주문이 없다면 프로콘이 그저 관련 웹사이트를 닫으면 그만이었을 것이다. 새로운 버티컬 시장을 위한 웹사이트와 기능들을 구현하는 데 드는 투자 비용은 많지 않다. 이는 동일한 하드웨어와 동일한 이행 프로세스를 활용했기 때문이다. 프로콘은 완전히 새로운 아이디어를 일주일 내에 능숙하게 구현할 수 있게 되었다. 마크는 "무척 재미있었습니다. 우리는 새로운 버티컬 시장을 지원하기 위해 해야 할 모든 일들에 관한 체크리스트를 가지고 있었어요"라고 말한다.

첫 번째 장치에는 OBD-Ⅱ 커넥터가 들어있지 않았다. 하지만 마크의 팀은 곧장 그것을 디바이스 안에 만들어넣었다. 그럼으로써 그 디바이스를 OBD-Ⅱ 자동차 포트에 직접 꽂아 전원을 공급받고 주행거리계를 읽을 수 있게 했다. 곧 새로운 시장을 개척할 기회가 떠올랐다. 이것이 결국 마크와 그의 회사를 완전히 새로운 수준으로 올라서게 해주었다. 마크는 이렇게 말한다.

기업가가 실행하려고 착수한 일이 무엇이든 간에, 결국 그들이 그것을 완수하는 경우는 좀처럼 일어나지 않습니다. 우디 앨런이 언젠가 이렇게 말했지요. "성공의 80퍼센트는 눈에 보이게 마련이다"라고요. 아니나 다를까, 그런 일이 우리에게 일어났습니다. 원래 청소년 운전자 추적 시장은 큰 사업거리일 수는 없었습니다. 멋진 일은 청소년 운전자 추적 시장이 생긴 이후에 벌어졌고요. 그러니까 우리가 다른 시장을 찾았다는 겁니다. 우리가 추적용 제품을 홍보하자, 다른 버티컬 시장에 있던 사람들이 전화와 이메일로 연락해왔습니다. 우리의 하드웨어와 소프트웨어 가격이 더 많은 자동차에 추적 장치를 설치하기에 적합한 수준까지 이르게 된 어느 날, 자동차 압류 대행사에서 연락이 온 거예요.

〈오퍼레이션리포Operation Repo〉라는 텔레비전 쇼 프로그램으로 유명해진 압류 사업의 본질은, 월별 자동차 할부금 지불을 거절하거나 지불할 수 없는, 가난하거나 신용 불량인 사람들에게 판매된 자동차를 회수해서 시장에 다시 내놓는 일이다. 이와 같은 고객에게서 자동차를 회수할 수 있는 가능성은 일반적으로 20~55퍼센트 정도였다. 그런데 GPS 기술의 편재성과 적당한 가격의 휴대용 추적기 덕분에 압류 대상 차량의 위치를 파악할 때의 어려움이 많이 줄어들었다. 이러한 상황은 금융 기관들을 이 사업으로 순차적으로 끌어들였다. 즉, 금융 기관들도 잔고가 없는 사람에게 자동차를 판매하는 것을 '제한적인 위험만 따르는 매력적인 사업'으로 보게 된 것이다. 그러자 시장이 급격히 성장하기 시작했고, 프로콘도 그에 따라 성장했다.

2008년에 경기가 나빠지기 시작하면서 점점 더 많은 자동차가 압류되고 있었다. 이런 상황이 프로콘의 디바이스와 서비스에 대한 수요를 더 많이 끌어냈다.

마크의 엄격한 재무적 절제가 회사의 성장은 물론 독립성까지 지켜낸 것이다. 그는 이렇게 말한다.

우리가 '어쩐지 아주 커다란 것'에 이르렀음을 알아차렸다고 생각하지는 않습니다. 매달 매달 고군분투를 했으니까요. 벤처 투자를 받고 싶지는 않았지만, 제가 원할 때 벤처 자금을 받을 수 있는 곳을 보면 저는 항상 '투자를 받을 수 있기를' 하고 기원했습니다. 그래서 잠재적인 투자자들에게 확실한 그림을 보여줘야 했어요. 하지만 얼마나 빨리 성장하게 될지는 몰랐습니다. 저는 언제쯤 회사의 성장(매출)이 가입자에게서 받는 현금흐름의 총액을 넘어설지를 알아내기 위해서 항상 계산했어요. 그래야만 사업이 계속될 수 있었으니까요. 너무 빨리 성장하면, 재고를 위해 지불할 충분한 현금을 마련할 수 없게 됩니다. 저도 그것을 인지하고 있었고요. 그러니까 저는 그러한 순환의 거친 난간 위를 달리고 있었던 겁니다.

제가 배운 또 다른 것은 사람들이 매월마다 바로 전월의 실적을 능가하기를 바란다는 것이었습니다. 그래서, 실제로는 매 분기마다였겠지만, 저는 우리 회사 사람들에게 매월마다 이런 이야기를 했어요. 매월마다 실적을 낼 수 있다면, 매분기마다 실적을 낼 수도 있지 않겠냐고 말이지요. 결국 회사의 모든 사람들의 매월 목표는 전월 판매량을 넘어서는 것이 되었습니다. 정말로 재미있었어요. 다들 거기에 빠져들었으니까요. 모든 사람들의 컴퓨터에는 그 달에 우리가 얼마나 잘 해내고 있는지를 보여주는 판매량 표시기까지 붙였거든요. 우리는 '바로 전월 실적 넘어서기'를 연달아 25~30개월가량 계속 이어 갔습니다. 우리의 마음가짐은 항상 '월말이 오기 전에 판매를 끝내자'는 것이었지요. 어떤 달에는 쉽게 달성했지만, 어떤 달에는 하루나 이틀을 남겨놓고 달성했어요. 우리는 그 달에 더 많은 판매량을 달성하기 위해서 누구에게 요청해야 할지를 알아내려고 브레인스토밍도 했습니다. 이에 관한 제 즐거운 추억 중 하나는, 우리 영업 사원 한 명이 그 달의 마지막 날을 불과 몇 분 남겨두고 통로로 달려 나와서 "구매 발주를 받았어요! 이번 달에도 해냈다고요!"라고 외쳤던 겁니다. 그녀는 정말로 들떠있었어요.

프로콘은 해변 근처에 가져다 놓은 트레일러에서 동일한 설계를 활용해 중고 휴대폰으로 제조한 그들의 첫 번째 디바이스를 그럭저럭 20만 개나 팔았다. 그 무렵에 회사는 직원이 22명에 이를 정도로 커졌고, 그들은 트레일러 밖으로 작업장을 옮겨야 했다. 장치의 판매량이 수십만 개에 이르자, 마크는 그들의 하드웨어 전략을 재검토해야 했다. 그가 우리에게 말했다.

우리는 한 달에 1만 개나, 아니 2만 개나 팔게 되리라고는 미처 생각하지 못했어요. 문제는 일단 우리 제품의 판매 속도가 높아졌을 때 중고 휴대폰이 동나기 시작했다는 겁니다. 하지만 우리는 중고 휴대폰을 한 달에 1만 대 이상 구입할 수 없었어요. 중고 휴대폰 가격을 인상시킬 새로운 시장 수요를 우리가 만드는 것을 원치 않았으니까요. 그래서 우리는 중고 휴대폰을 구입할 때 많이 필요하지는 않은 것처럼 보이게 하려고 애썼습니다. 우리는 중고 휴대폰 경매인들이 무슨 일이 벌어지는지를 알아차리는 걸 원치 않았거든요. 결국 그들은 알지 못했고요. 경매인들은 우리가 단지 일반 시장에 중고 휴대폰들을 재판매하고 있다고 생각했습니다.

그렇지만 해마다 네 배씩 성장하기를 4년이나 이어나간 다음에, 중고 휴대폰이 동이 났다고 경매인이 붙인 글을 봤습니다. 그래서 결국 우리는 하드웨어 제조사로부터 추적용 하드웨어를 구매하기 시작했어요. 그때쯤에 추적용 하드웨어의 가격도 아주 조금 내려가 있었고, 거기에 더해서, 우리의 주문 수량과 '사용 기반(installed base)' 덕분에 하드웨어 제조사가 약간의 할인 혜택을 주었습니다. 그들도 우리 사업에 동참하려고 했으니까요. 하드웨어 제조사 측이 제시한 가격은 우리가 그들의 하드웨어를 활용해도 될만큼 낮았습니다.

다음 몇 년 안에 프로콘의 기기 판매량은 100만 개를 넘어섰다. 그럼으로써 프로콘은 국제적으로 확장되기 시작했다. 그러는 동안 프로콘은 티모바일의 가장 큰 IoT 고객이 되었다. "우리는 이제 티모바일을 통해 100만 대 이상을 연결했습니다"라고 마크는 말한다. 2011년에 마크는 사모투자 전문 회사에 그의 프로콘 지분 중 절반을 팔았다.

마크에게 성공 비결을 물었더니, 마크는 이렇게 대답했다.

> 좋은 아이디어를 지니는 것은 도움이 되지요. 그렇게 생각하는 것 자체도 좋은 아이디어고요. 그렇지만 제 성공의 비결은 결국 2가지였다고 생각합니다. 하나는 너무 많은 외부 엔티티entity에 의존하지 않으면서 아이디어를 사업으로 구현해내는 능력입니다. 예를 들어, 어떤 회사가 사업을 하려면 통신사업자가 뭔가를 변경해주어야만 한다고 해보죠. 그러면 100개 중 99개의 회사가 실패할 겁니다. 통신사업자가 "예스"라고 말해놓고도 그 실행을 시작도 하지 못하고 있다면, 그 회사는 돈만 까먹다가 망하게 됩니다. 그러니 회사는 거래가 성사되도록 하는 과정을 잘 통제해야 해요. 그게 우리가 곧장 웹으로 달려간 이유이기도 합니다. 우리는 운도 좋았어요. 타이밍을 잘 잡은 거지요. 구글의 애드워즈 사업이 성공적으로 자리 잡아가던 때에 우리는 차량관제 사업을 전적으로 인터넷에서 구축할 수 있었지요. 사실 말하자면, 그때쯤에 모든 사람들이

애드워즈를 이용하기 시작하게 되면서 애드워즈의 광고주에 대한 지원이 이전보다 줄어들게 되기 전에, 우리는 인터넷에서 구축한 관제시스템을 이미 다음 수준으로 올려놓았었던 겁니다.

두 번째로는 바로 끈기와 실행력입니다. 그게 항상 쉽지는 않지만요. 신제품을 내놓을 때 시간이 걸렸고, 현장에서 어쩐지 실패하고 있다는 사실을 두 달이나 지난 후에야 파악한 경우도 있거든요. 물론 우리는 수백 개, 어떤 경우에는 수천 개나 되는 장치들을 현장에서 교체해야 했고, 고객들과 함께 그 일을 해냈으며, 그들의 행복이 지켜지게끔 그들의 문제를 해결하기 위해 최선을 다했습니다. 거기에는 상당한 의지가 필요했어요. 이러한 일이 발생하면 곧바로 많은 돈이 듭니다. 결국 현금 흐름에 문제가 생기죠. 이럴 때 당신은 많은 부트스트래핑[7]을 해야 합니다. 당신이 어떻게 현금을 운영하고, 자금을 늘리며, 고객이 제때에 또는 조기에 비용을 지불하게 할 것인가에도 정말 주의를 기울여야만 하고요. 저는 그게 모든 사업이 당면하고 있는 과제라고 생각합니다. 그러한 험한 시기를 극복하려면 극단적인 끈기와 인내력이 있어야죠.

---

7 bootstrapping, 일반적인 스타트업 등이 창업 과정에서 외부 자본의 투자 등을 받지 않고 자체적으로 경영하는 형태다. _옮긴이 주

프로콘의 성공은 "비록 완벽한 제품을 개발하기 전에라도 유통 경로를 구축하는 것, 그리고 시장에 먼저 진입하는 것이 얼마나 중요한지"를 명확히 보여준다. 시장의 피드백을 기반으로 삼아 사업을 빠르게 반복할 수 있다면, 그 사업은 결국 올바르게 진행될 것이다. 우리는 그런 교훈을 사물인터넷의 다양한 영역에도 적용할 수 있다고 본다. 종종 아주 제대로 된 제품을 만들어내려고 하다 보니 시장 출시 시기가 지연되거나, 예산을 초과하거나, 큰 좌절에 빠지곤 한다. 그러니까 이번 장의 도입부에 기술했던 그런 이유들 때문에 낭패를 당하는 것이다.

옴니링크의 개발 담당 최고책임자인 스티브 허드슨은 국립 알츠하이머 협회(National Alzheimer's Association)나 앰버워치 재단(AmberWatch Foundation) 등을 비롯한 다양한 파트너들과 함께 IoT 분야에 몇 가지 제품을 내놓았다. 그는 적합한 유통 채널의 중요성을 강조한다. 스티브는 이렇게 말한다.

알츠하이머 환자용 웨어러블 디바이스와 관련하여 우리는 구매, 배포 그리고 재고 관리에 능통한 유통 담당 파트너가 필요했습니다. 먼저 파트너와 협력 관계를 만들었고, 포괄적인 개념의 제품도 출시했어요. 이제는 우리가 뒤를 돌아보면서 더 향상된 폼팩터form-factor와 더 착용하기 좋은 새로운 기술들을 통합할 수 있는 단계까지 도달한 겁니다. 저는, 웨어러블 IoT 디바이스의 범주가 진화를 계속하면서, 신규 진입자를 위해 먼저 '기술 검증(proof of concept)'을 확실히 하고, 그런 다음에 성능을 개선하고, 더 완전한(end-to-end) 디바이스를 창출해내는 것이 매우 중요하다고 생각합니다.

IoT 분야 스타트업인 그린라이트 카GreenLight Car의 CTO이자 공동설립자인 아리 실키는 그전에 베스트바이Best Buy의 제품 관리 이사로 있으면서 다수의 통신형 디바이스들을 출시하곤 했다. 아리는 "IoT에서는 신제품의 적정 가격을 정하는 것이 매우 중요하다"고 생각한다. 그것이 고객을 위한 비즈니스 모델에서의 위험을 제거하는 데 도움이 되기 때문이다. 아리는 소매 판매 기업(retailer)과 유통사(distributor)도 중요하다고 믿는다. 그들은 가격을 조절하고 소매 고객의 구매 행동에 영향을 주는 방법을 잘 알기 때문이다.

마크 웰스도 비용이 지대한 요인이라고 생각한다. 그는 이렇게 말한다.

IoT 분야에서는 비용이 제일 중요합니다. 하드웨어에 서비스를 더한 비용이 적절한 수준에 도달하자마자, 당신이 벌어지게 될 것이라고 생각했던 모든 일들이 일어나기 시작하지요. 당신은 기본적으로 가격 곡선을 그릴 수 있어야 합니다. 그

가격 곡선은 가격이 어디로 향하고 있는지, 어디에 있었는지, 그리고 이러한 IoT 어플리케이션들이 투자에 대비한 충분한 비용 절감 효과를 언제쯤 보여주기 시작하는지에 관한 것입니다. 그러니까 당신은 가격 곡선을 활용하여 언제 어떤 것들이 시장에서 떠오르는지를 거의 정확하게 말할 수 있어야 합니다.

비용은 틀림없이 중요한 문제다. 하지만 고객의 인지도(awareness) 또한 그만큼 중요하다. 스티브 허드슨은 "저는 많은 사람들이 범주[8] 인지도를 실제보다 과소평가하고 있다고 생각합니다"라고 말한다.

우리는 기술 세계와 산업계를 함께 데리고 오는 마켓플레이스 marketplace에 대해 교육하는 것이, 사물인터넷을 채택하는 과정에서 매우 중요한 단계가 될 것이라고 생각한다. 이 분야의 선구자 중 한 사람인 페기 스메들리가 마켓플레이스 교육에 관해 말했다.

어떻게 하면 우리가 마켓플레이스를 교육시켜서 그들이 IoT를 사용할 수 있다는 것을 알게 만들 수 있을까요? 당신에게는 책이 있습니다. 우리에게는 잡지가 있습니다. 우리는 그런

---

8 category. 특정 제품군·서비스군으로 구성된 분야다. _옮긴이 주

내용을 스토리로 엮어서 얘기하고 있지요. 어떤 회사들이 IoT를 사용할 수 있게끔 구현하고 있는지에 관해서 말입니다. 우리는, 점점 더 소비자 지향적(consumer-oriented)인 어플리케이션에 추진력을 더하고 있는 이 디지털 전환기에 완전하게 들어와있습니다. 그리고 디지털 전환이 계속 일어나면서 소비자들은 여기에 계속 적응할 거고요. 이러한 어플리케이션들에 대해서 우리가 더 많이 알게되고, 또 말하자면, 모든 게 유사한 기본 빌딩블럭building block으로 만들어져있다고 할 수 있는 그 어플리케이션들이, 하나의 버티컬 시장에서 다음 버티컬 시장으로 확산되어 가면서 어떻게 다르게 보고 행동하는지를 우리가 더 많이 알게 될수록, 더욱 더 많은 사람들이 "와, 그 무선으로 연결된 맥박조정기는 제 건강을 관찰함으로써 제 생명을 지켜주도록 설계되었군요!"라고 말하게 될 거라고 저는 생각합니다. 누군가의 생명을 건질 수 있는 아이디어를 가진 또 다른 의사가 나타날 수도 있고요. 같은 빌딩블럭들을 사용하면서 오히려 훨씬 더 많이 관찰·추적되는 데이터를 가지고 말입니다. 그게 지금 일어나려고 하는 방식입니다.

시장 인지도와 고객 가치에 관해 말하면서 아리 실키는 이렇게 덧붙였다.

당신이 통신형 신제품을 가지고 시장에 진입할 때, 최종 고객의 경험과 그들의 제품 구매 방식을 이해하는 것은 결정적으로 중요합니다. 그러니까 "고객이 제품을 구매하기 위해서 어떻게 결정을 내리는가?"라든가, "그 제품을 구매할 때의 장애가 무엇일까?" 같은 것을 이해하는 게 중요하지요. "그 제품의 가치를 어떻게 홍보할 것인가?"도 적잖이 중요하고요. 가끔씩 당신은 그 제품으로 200달러를 절약할 수 있다고 주장하겠지만, 그게 어떻게 가능한지를 고객에게 설명하려면 하루짜리 스케줄의 세미나를 열어야 할지도 모릅니다. 여기에서 많은 기업들이 실패하지요. 신규 시장을 만들어내기는 매우 어려우니까요. 특히 새 하드웨어 장치를 출시할 때는 더욱 그렇습니다. 하드웨어인 경우에는 더욱 많은 위험이 도사리고 있거든요.

프로콘의 사례에서 보았듯이, 제품 출시와 관련하여 또 하나의 결정적인 부분은 타이밍timing이다. 퀄컴 엔터프라이즈의 서비스 부문 전 대표였던 조안 왈트먼은 "때로는 도입에 이르기까지 많은 시간이 소요되기도 합니다. 물론 가장 큰 문제는 당신이 뭔가를 벌이기도 전에 당신의 자금이 소진될 수 있다는 점입니다. 타이밍이 전부입니다!"라고 말한다.

전반적으로, IoT 생태계 내부의 복잡성은 인터넷에서보다 훨씬 더 중요하다. 표준화되지 않은 하드웨어, 안테나의 설계, 소량 생산, 광범위한 연결, 어플리케이션 개발·설계 등 이 모든 요소들이 시장 도입을 지연시키고 있다. 존 엘리엇은 이렇게 말한다.

> 디바이스를 플랫폼에 연결시키고, 그 플랫폼을 가로지르는 앱을 만들고, 전세계적으로 또는 적어도 특정한 지역 내에서라도 구동되게 하는 어떠한 일관된 방법도 우리는 본 적이 없습니다. 우리에게는 일어서서, 생태계를 소유하기로 결정하고, 그 생태계가 완전한(end-to-end) 솔루션을 만들어낼 것이라고 말해줄 단 하나의 이해관계자가 필요합니다. 이것은 퀄컴도 해왔고, 또한 제가 아는 몇몇 다른 사업자들도 하려고 시도하는 것과도 비슷한 겁니다.

시장 진출을 위한 이 모든 도전들을 고려한다면, 오늘날 기업이 쓸 수 있는 최선의 방법은 무엇일까? 복잡성을 심각하게 받아들이는 것이 그 첫 번째 방법이다. 그러니까 모든 면에 주의를 기울이고, 이번 장과 이전의 여러 장들에서 설명했던 IoT 및 기술에 특화된 측면에서 시작하며, 사용자 경험과 유통망을 잊지 않는 것이 불쾌한 충격을 회피하는 데 도움이 될 것이다.

또 다른 중요한 부분은 내부적으로든 외부적으로든 핵심적인 인재들과 함께 일하는 것이다. A팀과 B팀 간의 차이는 수십만 개

(의 판매), 그렇지 않다면 수백만 달러(의 실적), 그리고 출시하는 데 필요한 수 개월(의 시간)을 단축시키거나 허비하도록 만드는 경우로 설명될 수 있다. 마지막으로, 마크 웰스의 이야기에서 우리가 보았듯이, 다른 것들에 대한 지속적인 임시변통(improvising)과 반복실행(iteration), 그리고 시도가 결국 당신이 제대로 얻으려는 것을 확실하게 보장해줄 것이다. 이 모든 것이 〈몬티 파이선〉의 에피소드 속 킬리만자로 원정대가 겪게 될 운명을 당신이 회피하는 데 도움을 줄 수 있을 것이다. ― "킬리만자로 등반은 정말로 신중을 요합니다. 당신도 아시겠지요. 당신이 아주, 아주 거의 정상에 다다를 때까지는 대부분이 오르막이고, 그런 다음에는 반대로 급격히 비탈져 내려가는 경향이 있습니다."

다음 장에서는 IoT 분야의 투자 매력도를 살펴볼 것이다.

7장. 유망한 투자처

창의적인 사람이라면 누구나 예기치 못한 일을 하고 싶어한다.

_ 미국 여배우 헤디 라마

　와이 콤비네이터Y Combinator의 폴 그레이엄은 이렇게 말했다.
"새로운 아이디어를 얻는 가장 좋은 방법은 새로운 아이디어에
대한 생각을 하지 않는 것이다. 그 대신에 자신이 직접 경험했던
문제들에 집중해야 한다"라고 말이다.[1] 이 교훈은 스타트업들과
기업가들 모두에게 훌륭한 조언이다. 하지만 투자자에게도 그럴

1　Paul Graham, "How to Get Startup Ideas," November 2012. http://www.paulgraham.
com/startupideas.html

까? 투자자가 해당 분야라든가 특정한 문제들에 익숙하지 않다면 그들은 어디에 돈을 투자할지를 어떻게 파악할까? 때때로 투자자들은 기업가를 통해 기회를 잡기도 하지만, 그래도 투자자들은 그들 고유의 의견을 개발해야 한다.

이 책 전반에 걸쳐 우리는 IoT 세계의 각양각색의 문제들, 즉 기술 생태계에서부터 제품의 시장 출시에 이르기까지 이야기했다. 이 장에서는 가치 창출과 투자 기회를 좀 더 확대시켜 살펴보는 데 시간을 조금 할애할 생각이다. 여기서 우리가 '투자'라고 하는 것은 재무적 투자는 물론 누군가의 재능, 시간, 자원을 투자하는 것까지도 의미한다.

이전 장에서 봤던 것처럼 사물인터넷을 위한 시장에서의 기회는 엄청나게 많다. 시장 예측치들이 대부분 지나치게 낙관적이기는 하지만, 그래도 지금 전문가들 중 대다수는 현재의 시장 예측이 시장의 잠재력을 크게 벗어나지 않는다고 본다. 심지어 '보수적'이라고도 한다. 아울러 오늘날 전문가들은 사물인터넷 관련 시장 규모가 2012년의 2000억 달러에서 2022년에는 7000억 달러 이상으로 커질 것이라고 예상하고 있다.

이제, 당신이 시장을 세분하는 방식과 IoT 시장을 몇 개의 사업 분야로 나눌 것이냐에 따라서 숫자는 크게 달라질 수 있다. 위에서 언급한 수에는 (시장 규모에 따라, 가장 큰 시장부터 나열하자면) 디바이스, 서비스, 설치 수입, IoT 플랫폼 매출, 통신(connec-

tivity) 관련 매출이 포함되어있다. 현재 가장 큰 산업 영역으로
는 (다시 한번 규모가 가장 큰 시장부터 소개한다면) 지능형 빌딩
(intelligent building), 텔레매틱스telematics, 헬스케어 그리고 유틸
리티[2] 영역 등이 있다.

사물인터넷에 대한 투자가 이미 미래적인 주제가 된 이래, 사
물인터넷 관련 시장에 대한 이해와 정의는 현저하게 다양하다.
하지만 사물인터넷에 대한 예측은 여전히 도처에서 나오고 있다.
예를 들어, 시장 조사 업체인 IDC는 지능형 시스템 시장이 이미
1조 7000억 달러 규모에 이르고, 2017년에는 2조 4000억 달러
규모에 이를 것으로 추정한다.[3]

당신이 클라우드 컴퓨팅, 빅데이터, 비즈니스 인텔리전스busi-
ness intelligence(BI)를 둘러싸고서 현재 개발되고 있는 고성장 시장
을 살펴보게 된다면 매우 흥미로울 것이다. 이러한 시장들의 규
모는 수백억 달러대에 이르고, 종종 IoT 시장에 포함되지도 않는
다. 이는 시장의 경계가 얼마나 불명확한가를 보여준다. 그러니
우리가 현재까지 못보고 있거나 전망하지 못하더라도 다수의 추
가적인 성장 세분 시장이 있을 것이라고 기대해볼 수는 있을 것
이다.

---

2 utility. 전기/가스/수도 등 공공성 설비·장치 산업 분야다. _옮긴이 주

3 Iain Morris, "Intelligent Systems to Drive Value in M2M Market: IDC," *Telecom
Engine*, June 4, 2013. http://www.telecomengine.com/article/intelligent-systems-
drive-value-m2m-market-idc

많은 투자자들이 제기하는 질문은 이런 것이다. "이와 같은 성장이 어떤 식으로 일어날까? 그리고 '핵심 성장 세분 시장(core growth segments)'이란 무엇일까? 기존 사업자들이 얼마나 많은 가치를 취할 수 있을까? 기존 산업을 와해시키거나 가장 매력적인 세분 시장에서 성장을 이끄는 신규 사업자가 시장을 얼마나 창출할 것인가?"

한발 뒤로 물러서서 그림 전체를 본다면, "인간이 과거에 해왔던 일을 기계가 더 효율적으로 한다는 사실로부터 가장 큰 잠재력이 생겨나고 있다"고 누군가는 주장할 수 있을 것이다. 우리가 제3장에서 보았듯이, 인간과 기계는 서로 협력할 때 일을 가장 잘 할 수 있다. 인간은 그들 고유의 창의성과 직관력을 이용하고, 기계는 데이터 수집·분석과 알고리즘을 취급하는 식으로 협력한다면 말이다. 이미 오늘날 제조, 물류 계획, 출하 관리, 특정 의료 연구, 자율 주행·비행 등과 같은 많은 시스템이 인간의 개입이 적거나 아예 없는 상태에서 고도로 최적화된 채 구동하고 있다. 아울러 더욱 많은 산업 분야가 미래에는 기계에 의존하게 될 것이고, 기계들이 사람보다 더 좋고 더 정밀하게 대부분의 운영 기능을 맡게 될 것이다.

싱귤래리티 대학(Singularity University)은 이 분야에 대한 지식과 사고를 촉진하려는 실리콘밸리의 비영리 교육 기관이다. 이 대학 측의 고유한 주장에 따르면, 그들은 "기하급수적으로 발달하는 기술의 진화를 이해·촉진하려 애쓰며, 인간성의 위대한 도전을 다루기 위해 이러한 기술들을 적용하고, 집중시키고, 지도할 간부들을 모아서, 교육·고무시키는 것"을 목표로 한다.[4]

대담한 주장처럼 들리겠지만, 이러한 비전을 지원하는 많은 글들이 바로 지금 함께 나오면서, 이와 같은 교육 프로그램들도 엄청난 추진력을 얻고 있다.

우리가 제1장에서 언급한 대로, 이러한 새로운 생태계가 기하급수적으로 성장할 수 있도록 해주는 핵심 거시 경제 트렌드는 다음과 같다.

첫째, 우리는 무어의 법칙에 따라 크기는 줄어들고 처리 능력은 증가하며, 또한 전력 관리 성능도 향상된다는 것을 알고 있다. 두 번째로 중요한 요인은 '비용 적정성'이다. 고정통신망과 이동통신망, 하드웨어, 소프트웨어, 클라우드 컴퓨팅, 모바일 기술 및 로봇공학 분야에서 생산 비용이 크게 줄어들었다. 대부분의 분야에서 기술 생산 비용이 지난 수년간 90퍼센트 이상 줄어들었고, 앞으로도 계속 떨어질 것이다. 이는 고든 무어와 그의 법칙이 예언한 대로다. 세 번째의 결정적인 트렌드는 탈유선화(de-wireization), 즉 무선화다. 더 많은 사물이 무선화될수록, 어느 곳에든 사물이 위치할 수 있다. 이동통신과 WiFi 통신망에 의한 편

---

4 Singularity University, "What Is Singularity University?" http://singularityu.org/overview/

재성이 증가하면서 이것이 가능해졌다. 마지막으로 사라질 선은 전선電線이다. 이 과정은 무선 전력 송출 기술, 에너지 하베스팅 energy harvesting 및 전력 관리 기술의 진보가 이끌어줄 것이다.

최종적으로, 또 다른 중요한 요인이 있는데, 그것은 네트워크 효과다. 이것은 일단 서로 대화하는 지능형 사물들과 연결형 사물들이 '임계량(critical mass)'만큼 생겨난다면 기하급수적 성장이 일어나리라는 것을 의미한다. 이러한 성장에 영향을 주는 법칙이 '메칼프의 법칙(Metcalfe's Law)'인데,[5] 이것은 네트워크의 가치가 시스템에 연결된 사용자 수의 제곱에 비례한다는 법칙이다. 이 법칙은 원격통신망과 소셜네트워크는 물론, IoT 노드처럼 연결된 사물들에도 적용할 수 있다. 그와 같은 네트워크 효과가 자리를 잡을 것이라고 가정하면, 생태계를 위한 큰 가치도 창출해낼 수 있을 것이다.

이것이 투자자들에게 의미하는 바는, 우리가 '연결된 사물(connected things)의 폭발적 증가'와 '생성된 데이터의 폭발적 증가'를 막 목격하고 있다는 것이다. 이러한 발전과 더불어, 이 데이터로부터 가치를 생성해내는 도구와 응용 프로그램은 주류 시장(mainstream)이 받아들일 만해졌다. 이는 이전에는 그런 것을 입수할 능력이 있던 회사들의 손에만 쥐어졌던 데이터 분석 도구를

---

5 Wikipedia, "Metcalfe's Law," http://en.wikipedia.org/wiki/Metcalfe's_law

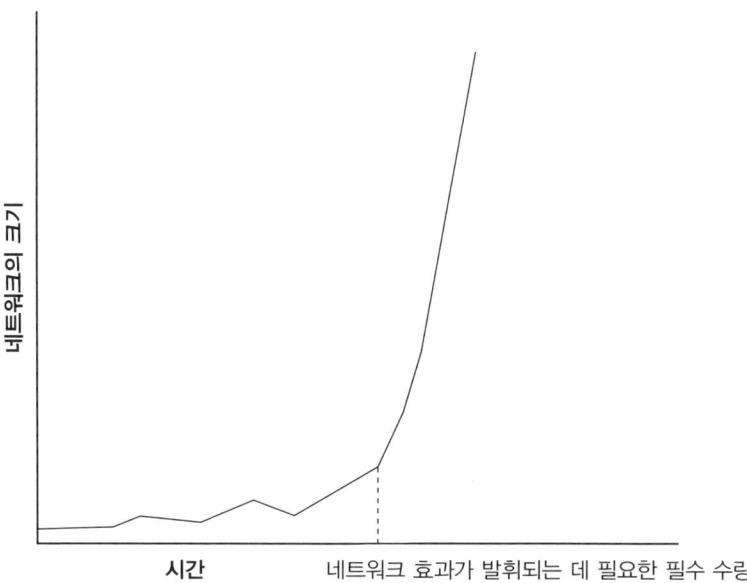

네트워크의 크기 (y축)

시간　　　　　　　　네트워크 효과가 발휘되는 데 필요한 필수 수량

일반인들도 활용할 수 있게 되었다는 의미다. 이 퍼펙트스톰[6]은 이전에는 존재하지 않았던 완전히 새로운 어플리케이션들로 소비자들을 이끌어줄 것이다.

이 신규 시장의 규모를 이해하려면, 이 시장을 오늘날 ERP 시스템의 확장 시장으로 보는 것이 좋다. ERP의 핵심부는 어느 정도 자동화되었지만, 주변부의 상당 부분은 여전히 수동으로 처리되도록 구성되어있다. 이러한 수동 방식의 비효율성은 가까운 미래에 사라질 것이다. 가치사슬 전반을 실제 물리적 세계를 향해

6　perfect storm, 개별적으로는 아주 크지 않은 둘 이상의 요인(태풍)들이 동시에 합쳐지면서 그 영향력이 폭발적으로 커지는 현상이다. _옮긴이 주

고도의 자동화로 이끌어가면서 말이다.

과거에 논의된 많은 개념들이 현실화되고 있다. 아래의 것들은 현 시점에서 가능한 것들을 보여주는 예시들이기도 하다.

- 수백만 개나 되는 물품을 추적하려고 RFID 기반 처리 과정을 구축한 소매상이 수백만 개의 데이터 집합들을 분석하는 경우를 상상해보자. 이런 일이 몇 년 전까지만 해도 불가능했다. 하지만 RFID 태그를 생산하고, 추적·분석하고, 아울러 실시간 물류 처리 비용도 줄어든 덕분에 조정이 가능해졌다.

- 정밀한 추적 기술을 사용해 전 세계에 있는 고가 자산의 흐름을 따라가는 경우를 상상해보자. 하드웨어와 소프트웨어와 통신 비용 등이 종종 이러한 적용 사례들을 구현 불가능한 것으로 만들었었다. 오늘날에는 수명이 극히 오래가는 배터리를 장착한 신뢰성·내구성·내열성까지 갖춘, 그리고 방수도 되는 디바이스를 생산하는 수많은 하드웨어 제조사들을 찾을 수 있다.

- 환자나 운동선수에 관한 수백만 개의 데이터 집합을 저장하는 경우를 상상해보자. 해당 환자나 운동선수는 움직임, 운동, 수면 습관을 추적할 수 있는 많은 수의 센서가 부착된 디바이스를 차고 있다. 가까운 미래에는 기본적 데이터뿐만

아니라 생체 신호까지 추적할 수 있는 디바이스들도 더 많이 볼 수 있을 것이다. 또한 피부에 붙여서 데이터를 클라우드로 보내고, 거기서 분석까지 하는 초박형 센서 덕분에 실시간 혈액 분석도 가능해질 것이다. 이러한 진전은 오늘날 우리가 알고 있는 '자가건강측정(quantified self)'[7]보다 훨씬 더 힘을 얻게 되었다. 그리고 조만간 완전히 새로운 헬스케어 생태계를 창출할 것이다.

- 공항이나 중심가에 있는 음료·과자·전자장치 자판기가 사람들이 무엇을 어디에서 언제 구매했는지를 추적할 수 있는 스마트한 기계가 되었다고 상상해보자. 자판기는 그들 앞에 누가 서있는지, 구매 결정에 시간이 얼마나 걸리는지도 분석할 수 있게 될 것이다. 그런 자판기에는 예정된 시간에 광고 판촉을 할 수 있는 대형 디지털 터치스크린이 장착되어 있을 것이다. 또한 정확한 데이터를 물류 회사로 보내 제품을 적시에 채울 수 있게 할 것이다. 물론 이런 기계들은 무선으로 연결될 것이고, 모든 데이터가 클라우드에 저장·관리될 것이다.

스마트홈/통신형 디바이스 사례들 중 하나가 이제 막 주류시장

---

7 Quantifi ed Self, "What We Are Reading," http://quantifiedself.com/

에 진입하려고 한다. 우리가 보기에, 2012년의 가장 성공적인 혁신 중 하나는 지능형 자동온도조절기인 네스트Nest이다. 이는 아이팟과 아이폰을 창안해낸 팀을 운영했던 토니 파델이 만든 것이다. 토니는 아름다운 모양과 지능형 기능을 앞세워 네스트의 1차년도 영업 활동에서 상당한 판매고를 올렸다. 컨트롤포Control4나 비빈트Vivint(2012년 블랙스톤에 20억 달러로 인수됨) 같은 홈 오토메이션 서비스를 제공하는 회사들이 급성장하고, 센서 가격은 하락하며, 스마트폰과 태블릿의 편재성이 커지면서 초고속 무선 인터넷과 결합되자 많은 새로운 어플리케이션이 가능해지고 있다.

이러한 것들은 이 시장들의 성장 잠재력을 보여주는 예일 뿐만 아니라, 단기적으로 파괴적 신생 기업과 시장을 창출해낼 잠재력 또한 보여주는 예들에 불과하다. 투자자들을 위한 시장 기회들이 투자 라이프 사이클의 모든 단계(초기, 후기, 사모 투자, 기업 공개)에서 떠오르고 있다.

산업계 전문가, 사업가, 통찰력 있는 사람들과 했던 인터뷰에서 우리는 투자 기회에 대해서도 질문했다. 그리고 다음의 것들이 이 과정에서 우리가 시장, 시기, 기술 진화에 관해 알아낸 것들이다.

스티브 파졸은 성공적인 IoT 사업을 구축함으로써 큰 기록을 달성했다. 그는 와해의 영역과 투자 기회에 관한 아주 훌륭한 통찰을 보여준다.

당신 회사가 신생 기업이고, 특정한 버티컬 시장들 중 하나를 선택하고 싶어했다면, 당신은 와해성 혁신(dis-ruption)이 한참 무르익고 있는 영역을 보고 싶어하겠지요. 이는 그 영역에 많은 수의 자산(asset)들이 있거나, 관리가 필요한 비싼 자산들이 있음을 의미합니다. 어쩌면 거기에는 모니터링 대상인 소비재들이 있을 수도 있습니다. 기존 기업들이 그 영역에 이미 들어와있지 않은 한, 당신이 진입해서 그 영역들을 와해시킬 수도 있지요. 신용카드 결제기 제조 회사인 스퀘어Square를 보세요. 스퀘어는 실제로는 IoT 영역에 속해있지 않아요. 그런데도 스퀘어는 어떤 자영업자든 고객의 신용카드 결제를 받을 수 있게 함으로서 신용카드 결제기 시장을 와해시켰습니다.[8] 스퀘어는 그 분야에 이미 대형 사업자들이 많다는 걸 알고도 그곳에 진입해 산업을 와해시킨 거지요. IoT로 해결될 수 있는 문제를 가진 버티컬들은 이렇듯 아주 많습니다.[9]

타이밍 관련 문제를 조사해보면, 행동의 변화를 야기시키는 것들을 파악할 수 있습니다. "규제 당국의 변화가 있나요? 경

---

8 미국의 스마트폰을 활용하는 휴대용 신용카드 무선결제기 솔루션 및 결제시스템 운영 사업자다. 소액결제 또는 이동 환경에서 스마트폰 부착 리더기로 기존 M2M기반의 이동형 전용 무선결제기에 대응하고 있다. _옮긴이 주

9 한국의 경우, 최근 전통적인 M2M 전용 디바이스 기반의 택시콜 시스템과 스마트폰 앱 기반의 택시콜 서비스 간의 경쟁 상황이 대표적인 와해적 혁신 사례라 볼 수 있다. _옮긴이 주

제 상황의 변화가 있나요?"라고 묻는 식이지요. 어떤 행동을 이끌어내는 거시적 트렌드를 당신이 발견해낼 수 있다면 더욱 쉬워지겠지요. 당신이 그런 물결을 만들어내기보다는, 그 물결에 올라타세요. 당신이 해야 할 일은 "기업들이 더 낮은 비용으로 소규모 사업을 하게 해줄 방법을 찾아내서 단순화시키거나, 그냥 유사한 플랫폼을 이용하는" 겁니다. 이는 IoT 분야가 '경제의 대부분을 이루는 롱테일long tail'이기 때문입니다.[10] 그렇지만 제가 IoT 분야에 투자하려 하고 있었다면, 저는 아마도 어낼리틱스analytics 분야 중 어딘가에 투자했을 겁니다.

글렌 루리는 커넥티드 홈과 커넥티드 카 분야에 가장 큰 잠재력이 있다고 본다.

저는 우리가 자동차 산업에서 비약적인 진보를 보게 되리라고 확신합니다. 저는 우리가 헬스케어 산업에서도 비약적인 진보를 보게 되리라고 확신합니다. 저는 우리가 위치 추적 분야에서도 어느 정도의 비약적인 진보를 보게 되리라고 확신

---

10 파레토의 법칙과 달리 "소량 다품종의 틈새시장인 '80퍼센트의 사소한 다수'가 '20퍼센트의 핵심 소수'보다 더 큰 가치를 창출한다"는 이론을 말한다. 2004년 미국 크리스 앤더슨이 이 이론을 제시했다. _옮긴이 주

합니다. 오늘날 우리는 이미 저렴한 디바이스로 사람과 화물 운반대(pallet)와 반려동물을 추적하고 있습니다. 사람들이 보유하고 있는 새로운 디바이스와, 사람들이 그것을 가지고 해내고 있는 일들의 가능성을 통해서 수많은 기회들이 생겨났고요. 저는 전반적으로 대규모로 성장할 2가지 기회를 보고 있습니다. 첫 번째는, 디지털홈digital home을 만들어낼 양질의 규모 있는 플랫폼인데, 아직은 누구도 보지 못했지요. 두 번째는 자동차, 즉 커넥티드 카인데, 이 역시 우리는 완전한 커넥티드 카가 무엇인지, 그것으로 무엇을 할 수 있는지 사실상 제대로 본 적이 없습니다. 사람들이 그들의 삶의 상당히 많은 시간을 자신의 차와 집에서 보내고 있는데도 말이지요. 저는 이 두 공간이 가장 큰 사업 기회를 가지고 있다고 봅니다. 그것들이 연결되고, 스마트해지며, 다른 방식으로 당신과 상호작용하기 시작하게 되면 말입니다.

마크 웰스는 자판기 사업이 미래에는 큰 시장이 될 것이라고 생각한다. 우리도 이 시장에서 많은 견인차들을 발견하고 있다. 이는 이미 자동판매기라는 것이 일단 그 속에 상품이 채워지고 나면 인간의 개입 없이 작동될 수 있는 상당한 수준의 자율적인 디바이스라는 사실에 기인한다. 이러한 기계들에 지능을 더한다면 고도로 자동화된, 완전히 새로운 소비재 판매 방식이 시작될 수 있다.

우리가 스스로에게 던진 질문은 "아마존이나 월마트 같은 기업이 언제쯤 이 분야에 진출할까?"였다. 마크는 이 시장에 대해 다음과 같이 생각한다.

제가 보기에, 다음으로 흥미롭게 다가올 분야는 벤딩 키오스크vending kiosks와 디지털 사이니지입니다. 이게 바로 다음 폭발을 준비하고 있는 영역이지요. 자판기 산업계에서 벌어진 일들 중 하나는 자판기 사업에 영향을 끼칠 법률이 제정되었다는 겁니다. 스타벅스에서 음료 메뉴 옆에 열량(칼로리)을 표기한 걸 아시나요? 지금은 많은 메뉴판이 그렇게 되어있습니다. 2011년에 만들어진 법률에 따르면, 자판기에도 열량 정보를 표시해야 합니다.[11] 흥미로운 점은 모든 자판기에 완전한 (end-to-end) 연결 기술을 사용하는 것이 현실화되는 시점에 우리가 와있다는 겁니다. 이를 촉발시키는 요인(trigger point)은 "자판기에 열량을 표시할 방법이 필요한데, 이것을 사람들이 수작업으로 하기는 어렵다"는 거고요. 그러니까 자판기 내에 있는 모든 서로 다른 제품들의 열량을 표시하고, 중앙에서

---

11 Department of Health and Human Services, "Food Labeling; Calorie Labeling of Articles of Food in Vending Machines; Proposed Rule," Federal Register, April 6, 2011. http://www.gpo.gov/fdsys/pkg/FR-2011-04-06/html/2011-8037.htm

원격으로 관리할 수 있는 디지털 사이니지가 필요하게 된 거지요. 이것이 자판기 사업에서 혁신을 유발시킬 다음 선수입니다. 그래요, 분명히 그 영역이 다음 물결이 되겠지요. 자판기는 전세계 어디든 있으니까요.

애스트로 텔러는 대규모의 게임 체인저[12]들이 없더라도, 지금 또는 가까운 미래에 유용한 것에서 큰 이득을 만들어내는 것이 가능하다고 생각한다.

불과 지난 몇 년 사이에 우리는 디스크disk에서 반도체(solid-state)로 옮겨왔습니다. 그것이 우리가 전력電力의 최전선, 공간의 최전선, 어떤 경우에는 비용의 최전선에 서는 데 도움이 되었지요. IoT 디바이스도 배터리를 내장하게 되었고요. 그러나 배터리의 에너지 밀도는 지난 30년간 많이 변하지 않았습니다. 그러니 누군가가 리튬이온 배터리의 에너지 밀도를 열 배 늘려주는 무언가를 만들어낼 수 있다면, 배터리와 관련된 모든 것이 달라질 겁니다. 그런 일이 생길 수도, 아닐 수도 있습니다. 그래도 나는 이미 지평선 위로 떠오른 기술로 우리가 할 수 있는 것을 살펴보는 게 더 생산적이라고 생각합니다.

---

12 game changer, 기존 시장의 판도를 뒤집을 만큼 독보적 ·혁신적 인물·사건이다. _옮긴이 주

중요한 영역들 중 하나는 에너지 저장과 전력 관리입니다. 결국 에너지의 밀도를 높이거나 에너지를 덜 소비하거나인데, 어느 쪽이든 상관없습니다. 통신 프로토콜을 바꾸거나, 안테나를 바꾸거나, 때로는 서로 가까운 거리에 있게 하거나, 또는 다양한 기술로 그것들을 메쉬망(mesh net-work)으로 구성하는 방법을 찾아서 전력 소비를 줄일 수 있을 겁니다. 에너지 하베스팅 영역에도 현저한 기회들과 대안(trade-offs)들이 있고요. 동작 감지 센서, 열 감지 센서, 광기전光起電 (photovoltaic) 센서, 무선전파(radio fre-quency) 같은 것들이지요. 이 모든 것들이 환경에서 에너지를 얻는 또 다른 방식을 제공하고 있습니다. 일단 당신이 거기에 이르게 되면, 배터리를 재충전할 필요조차 없어집니다. 우리 일이 이제 열 배에서 백배는 줄어드는 거지요.

투자 기회를 바라보는 또 다른 '보다 체계적인 방법'은 우리가 제2장에서 논의했던 IoT 생태계를 분석해보는 것이다. 이러한 생태계들은 기술이 진화하고 성숙하면서 변화하고 있다. 그러나 우리가 언급했던 대로, 다음의 것들이야말로 우리가 알아낸 핵심 영역들이다.

• 데이터 획득 – 디바이스 하드웨어, 센서, 무선 통신 디바이

스, 기타 등등

- 데이터 전송 – 네트워크 연결 및 연결 관련 소프트웨어/서비스

- 데이터 분석 – 소프트웨어/데이터 분석을 위한 클라우드플랫폼/빅데이터 관리

- 커넥티드 디바이스 플랫폼(CDP)과 어플리케이션 인에이블먼트 플랫폼(AEP) – IoT용 소프트웨어 어플리케이션 플랫폼

- 설치(Installation), 시스템 통합 및 전문 서비스(profe-ssional services)

하드웨어에 대한 상대적으로 제한적인 사용 기반(installed base) 때문에 현재 대부분의 자금이 빅데이터와 데이터 분석(analytics) 쪽으로 흘러들어가고 있다. 이 영역들은 규모를 신속히 조절하기 쉽고, 제한적인 진입 장벽도 가지고 있다. 네트워크 연결 분야와 하드웨어 분야 모두 이미 이 분야를 꽉 잡은 사업자들의 손안에 있는 편이다. 아울러 종종 상당한 선행 투자가 요구되기도 해서, 몇 가지 예외가 있기는 하나, 적어도 지금 시점에서는 이 시장들에 진입하기가 더욱 어렵다. 그렇지만 특별히 하드웨어 측면을 보면, '와해성 혁신(disruption)'을 위한 잠재력이 상당하다.

하드웨어 분야에서 현재 상당한 추진력을 보이는 영역이 건강

(health)과 체형(fitness) 관리 디바이스다. 예를 들면 바디미디어나 핏빗 같은 회사들은 매력적이고 기능적인 디바이스를 보여주었다. 그런데 거기에는 선도적인 모바일 운영 체제를 지원하는 강력한 소프트웨어 플랫폼이 결합되어있다. 이로써 그들은 상당한 추진력을 창출할 수 있다. 이 책의 초반부에서 우리가 알게 된 대단히 중요한 일은 '적절한 하드웨어와 하드웨어 플랫폼을 확보하는 것'이다. 이는 소프트웨어에만 집중하는 대부분의 기업들이 계속 과소평가하는 일이기 때문이다.

바디미디어의 아이보 스티보릭은 우리에게, 하드웨어 플랫폼 설계와 관련하여 중요한 것, 그리고 건강·체형 관리 디바이스를 설계할 때 중요한 것에 대한 다소 흥미로운 단서들을 주었다. 그는 이렇게 말한다.

> 만약 당신이 모든 API들을 살펴본다면, 바디미디어가 가장 풍부하고 가장 잘 개발된 API를 제공한다는 것을 알게 되었을 겁니다. 만약 당신이 다른 제품들도 분석했다면, 바디미디어가 그 분야의 하드웨어 플랫폼을 완성하기 위해 가장 잘 구축된 부분을 선택했다는 사실도 발견했을 겁니다. 이것이 우리 디바이스가 타사 제품보다 착용하기 좋다거나 유행의 첨단을 달리는 것이라는 의미는 아닙니다. 조본Jawbone도 이런 팔찌를 내놓았으니까요. 세련돼 보이더군요. 정확도는 별로지만,

산업 디자인 면에서는 더 좋다고 봅니다. 아마도 개인적 취향이겠지만, 그토록 멋진 팔찌를 만들어낸 것이 잘못된 선택은 아니라고 봅니다. 그렇지만 정확도와 관련해서 말하자면, 저는 그 제품을 선택하지 않았을 겁니다. 팔목에서 수집할 수 있는 데이터가 전혀 풍부하지 않으니까요. 조본의 제품은 기본적으로 동작만 감지합니다. 그런데 동작 데이터만으로는 충분한 정보를 추출해낼 수 없지요. 우리는 12년 전에 그런 사실을 알아냈었습니다. 이것이 우리가 지금 진행하는 바로 그 작업을 하고 있는 이유입니다. 사람의 몸에 더 가까이 다가갈수록 더 좋은 데이터를 모을 수 있으니까요. 예를 들면, 체온 정보나 피부 반응이나 심박수 같은 것들 말이지요.[13]

글렌 올멘딩거와의 인터뷰는 반도체 세계의 두 지배적 사업자인 인텔과 ARM으로 집중되었다. 글렌이 말한다.

팹fab과 팹리스 반도체 기업(fabless semiconductor companies)들 모두의 생존의 본질을 규모(scale)가 좌우합니다.[14]

---

13 이 책이 출간되기 바로 직전에, 조본은 바디미디어를 1억 달러 이상에 인수했다. (출처: Lauren Goode, "Jawbone Acquires BodyMedia for More Than $100 Million, as Wearable Tech Gets More Intense," *All Things* D. http://allthingsd.com/20130430/jawbone-acquires-bodymedia-for-morethan-100-million-as-wearable-tech-gets-more-intense/)

14 팹리스 제조란, 기업은 하드웨어 디바이스 및 반도체 칩의 설계와 판매를 담당하고, 제작은 외

이는 바로 동일한 생산량(volume)에 동일한 수익(margin)을 달성할 방법을 찾지 못하면 회사가 망한다는 뜻이지요. 사실, 당신이 계량기 안을 채우고 있는 실리콘(반도체)과 같은 것들을 살펴보고, 그래서 당신이 그 디바이스를 10년 이상 지원할 수 있기를 원한다면요, 팹을 가지고 있는 인텔 같은 회사야 말로 다른 어떤 회사보다 낫습니다. 인텔은 이러한 디바이스들의 수명 주기를 더 잘 제어할 수 있을 테니까요. ARM 쪽으로 가보지요. ARM은 잠재적으로 환상적인 위치를 점유하고 있기는 해요. 하지만 ARM 기반 칩셋 OEM들조차도 즉시 규모의 경제를 실현시키지 못할 것 같다는 이유로 종종 사물인터넷을 무시해버립니다. 다각적인 면에서, 이것은 단지 무슨 일이 있는지를 전全 생태계적 관점으로 바라본 것일 뿐이지요.

우리는 하드웨어 분야에 다양한 투자 기회가 있다고 생각한다. 전통적으로 투자자들이 이 분야에 진입하는 것을 꺼리고 있는데도 말이다. 사물인터넷 분야에서 하드웨어에 대한 기회는 전력과 비용 최적화가 이루어진 신형 반도체에서부터 특정한 시장에 수직적으로 통합된 디바이스에 이르기까지 펼쳐져있다. 그러니 데

주에 의하거나 또는 '반도체 파운더리(semiconductor foundry)'라고 불리는 전문적 디바이스 제작사에 맡기는 형태를 말한다. (출처: http://en.wikipedia.org/wiki/Fabless_manufacturing)

이터 획득 단계 전반을 알아낸다면 엄청난 기회를 잡을 수 있다. 여기에는 센서 교정·통합이라든가, 현재의 휴대폰 단말기만큼이나 빠르고 값싸게 신형 디바이스를 만들 수 있게 해주는 하드웨어 플랫폼, 신호 강도가 줄어들지 않으면서도 디바이스 안의 작은 공간에 들어맞는 스마트한 자가동조(self-tuning) 안테나, 다양한 센서와 축전기, 구부릴 수 있거나(flexible) 분무식(spray-on)인 신종 배터리를 비롯한 에너지 관리와 하베스팅, 그 외 많은 것들이 해당한다.

예를 들어 글렌 올멘딩거는 이렇게 평한다.

디바이스 관리와 관련해서 할 수 있는 일이 여전히 많이 남아 있다고 할 수 있습니다. 이것은 모든 사람들이 기존의 조각모음을 가져다가 '어떤 적절한 것'을 할 수 있도록 시도하고 있는 곳에 대한 또 다른 사례입니다. 그 영역에는 아마도 혁신을 위한 여지가 크게 남아있을 겁니다. 만약 당신이 디바이스를 관리하는 데 무엇이 필요한지에 관해 생각한다면 말이지요, 저는 그것이 어디에 있는지, 그것이 켜졌거나 꺼졌는지, 어쩌면 그것의 작동에 관한 어떤 다른 중요한 변수들이 있는지도 알아야 합니다. 물론, 그 모든 것들을 실시간으로 알아야 하는 거지요.

역시, 이 책의 초반에 언급했듯이, IoT 하드웨어의 모든 것을 공급하는 사업자는 아직도 없다. 물론 많은 스타트업들과 중소기업들이 그들 자신의 하드웨어 개발을 마친 상태다. 왜냐하면 그들이 진입할 수 있는 곳에 아직 아무도 없기 때문이다. 이상적인 상황은, 그들은 차라리 소프트웨어나 서비스에 더 집중하고, 하드웨어는 다른 누군가에게서 공급받는 것이다. 우리는 이 주제에 대해 애스트로 텔러와 스티브 허드슨 같은 시장 전문가들로부터 의견을 구했다. 두 사람 모두 이 점을 특별히 강조했다.

우리는 가상 OEM, 특히 IoT 분야의 가상 OEM을 위한 기회가 무르익었다고 생각한다. 하드웨어 개발 시간을 극적으로 줄이고, 고객을 위한 출시 시기(time to market)를 최적화할 사업자를 위해 시장은 준비되어있다. 우리가 오늘날 스마트폰의 경우에서 보듯이, 이 사업자가 하드웨어 버전(version)들을 저비용으로 더 빨리 만들어내는 방법을 알아내기만 하면, 이 분야에서의 혁신이 더욱 더 가속화될 수 있을 것이다.

우리는 IoT의 하드웨어 분야가 PC(실제로는 '애플II')가 출현하기 전의 컴퓨터 분야와 사뭇 닮았다고 느낀다. 시장에는 서로 다른 요구 사항들, 서로 다른 적용 사례들, 서로 다른 소프트웨어를 가진 다양한 폼팩터form-factor들이 있다. 그렇지만 공통 분모 형태의 디바이스가 일단 나타나면, 그것이 시장을 사로잡을 것이다.

데이터 전송이나 연결 분야에서는 통신 사업자가 시장의 대부분을 지배한다. 그들은 도시와 지역에 우수한 커버리지를 갖춘 이동통신망에 엄청나게 많은 자산을 투자했다. 또한 그들은 글로벌 로밍을 위한 상당한 노력을 기울여왔다. 이것이 이동통신망을 더욱 편재적이 되게 만들었다. 이 분야에서 다소간 추진력을 보였던 영역이 연결(connectivity) 관리다. 여기서, 재스퍼 와이어리스JasperWireless 같은 회사들은 통신회사와 제휴를 맺고 그들의 IoT 연결 관리 플랫폼(connectivity management platform)을 통해서 전세계적 커버리지를 구축했다. IoT에 집중하는 가상 이동통신망 사업자(Mobile Virtual Network Operators, MVNOs)도 기회를 가지고 있다. 이들은 기존 음성통화 비즈니스의 짐을 떠안는 대신 서비스에만 신경 쓰면서 곧장 사물인터넷 세계로 접근할 수 있을 것이다. 우리는 이 사안에 관한 설명을 요아니스 피코라스에게서 들었다. 하지만 그것과는 별개로, 이 분야에서의 혁신은 제한적이라고 본다.

IoT 소프트웨어 어플리케이션 플랫폼 분야에서는 대규모 시장 채택을 얻어낸 어떤 사업자도 보이지 않는다. 여기서 가장 자주 사용되는 플랫폼은 구글의 안드로이드다. 그런데 이는 아직 다수의 틈새시장 사업자들에 의해 고도로 파편화된 시장이다. 그리고 더 중요한 것은, 이 시장에서 굉장히 많은 커스터마이징customizing과 전문 서비스가 수반된다는 사실이다. 사실, IoT용 앱들이 우리가 오늘날 보고 있는 대부분의 소비자용 앱들과 매우 다른 요구 사항들을 가지고 있다는 것을 사람들이 잘 깨닫지 못하는 경향이 있다. 복잡성과 그에 따른 미래의 기회들은, 시스템 어플리케이션 단에서 대부분 발견할 수 있다. 글렌 올멘딩거는 이에 관해 아주 심오한 조언을 해주었다.

아마도 제 마음속에서 더 큰 부분을 차지하는 것은 '어플리케이션의 개입(applications foray)'일 겁니다. 이 분야의 앱 개발에 관해 사람들이 인식하지 못하는 것은, 모든 '디바이스 관리(device management)'와 관련된 데이터가 그 디바이스가 전송하는 제일 주요한 데이터와 거의 동등하다는 겁니다. 디바이스 관리는 그 자체로서 새로운 어플리케이션을 만드는 데 필요한 노력을 거의 절반가량 줄여줍니다.

모든 사람들이 각각 다르게 듣고 말하고 생각하는 '미들웨어 middleware' 같은 용어를 피하고, 그저 '시스템 어플리케이션 단 (system application layer)'이라고 말하잖습니까. 그런 방식이 우리의 생각을 구조화합니다. 그러니까 상태 기반 루틴routine, 감시 루틴, 진단 루틴, ID, 보안 루틴의 전체 묶음이 있는 거지요. 그런 루틴들을 보고서 '데이터가 어떻게 배열되었는가'를 당신이 이해하게 되면, 이것이 혼자서 어플리케이션의 가치를 창출하면서 중요한 기회가 나오게 됩니다. 다시 말하면,

시스템 어플리케이션 단은 비구조화 데이터, 구조화 데이터, 그리고 시간 기반 데이터의 교차점입니다. 오늘날 이것을 어플리케이션으로 전환하는 방법을 제대로 아는 사람은 아무도 없습니다. 그렇지만 이 분야는 미래에 큰돈을 벌 수 있는 비옥한 땅입니다. 만약 제가 중장기적 관점으로 볼 수 있다면, 제가 바라보는 곳이 전체 '데이터-중개계층과 정보 아키텍처(data-brokerage story and information architecture)'일 겁니다.

설치와 전문 서비스는 오늘날 매우 큰 세분 시장이다. 그리고 미래에도 거대한 세분 시장으로서 계속 존재할 것이다. 시장이 성숙되면 이 서비스 매출이 하락하리라고 예상되더라도 말이다. 매출의 핵심은 분명히 IBM이나 엑센츄어 같은 대형 SI 사업자들이 만들어낼 것이다. 하지만 우리는 고성장하는 시장 내에서 그 물결을 타기 위해 더욱 기민하고 유연하게 움직이는 몇몇 신규 서비스 사업자들을 보게 될 것이다.

우리는 서비스 판매와 결합된 주목할 만한 제품을 제공하는 사업자들도 보게 될 것이다. 빅데이터 시장에서 '서비스형 빅데이터(big data as a service)'와 하드웨어·소프트웨어 솔루션의 조합, 그리고 컨설팅·전문 서비스와 전문인력 교육 서비스를 공급하는 다수의 공격적인 신규 시장 진입자들을 우리가 봤듯이 말이다.

글로벌 시장은 매력적인 성장 기회를 제공할 수 있다. 제품이나 서비스가 얼마나 신속하고 마찰 없이 범세계적 규모에 이르게 할 수 있는지, 그리고 지렛대로 삼을 수 있는 기업 보유 자산이 얼마나 탄탄한지에 달려있기는 하겠지만, 맞붙어볼 만한 거대한 시장이 그곳에 있을 것이다. 규제가 덜 엄격한 다른 나라에서는 규제 정책에 의한 보호가 사업 기회를 이끌기도 할 것이다. 특히 헬스케어에 관해서는, 규제가 적은 시장에서부터 의미 있는 혁신이 나타날 것이라고 가정해볼 수 있다. 이 혁신은, 일단 검증되고 나면, 미국이나 유럽 같은 시장에서도 곧이어 전개될 것이다.

이러한 모든 영역 내에 있는 혁신적 기업들의 성장은 대기업에 의한 인수합병(M&A) 활동으로 이어질 것이다. 그들 중 다수는 자신들의 솔루션 포트폴리오에서 놓친 부분이 많다는 사실에 눈을 뜰 것이다. 비트와 조각(bits and pieces)을 알아낸 더 작은 사업자들도 발견할 것이다. 왜냐하면 더 큰 사업자들은 너무 느렸으며, 그들이 그러한 작은 조각(piece)들을 매입하기 시작할 것이기 때문이다. 이는 이 영역상의 초기 단계 투자자들을 위해 매력적인 환경을 조성할 것이다.

전반적으로, 투자의 기회들은 수직 시장[15]과 수평 시장[16]으로 나눠볼 수 있다. 첫 번째 경우에서는, 문제를 정의하고 개개의 버티컬 안에서 잘 작동될 해결책(solution)을 만들기가 더 쉽다. 가끔,

---

15 vertical market, 특정 산업이나 특정 적용 사례를 지원하는 시장이다. _옮긴이 주
16 horizontal market, 전체 생태계를 지원하는 시장이다. _옮긴이 주

버티컬 솔루션vertical solution을 전달하는 프로세스 안에 구현된 시스템이 다른 버티컬들에도 적용될 수 있다. 이렇듯 하나 이상의 버티컬에서 성공했다는 검증을 받은 시스템은 때가 되면 수평 시장을 이룰 것이다. 그 사례 중 하나가 프로콘이 개발한 시스데브엑스SysDevX 플랫폼이다.

반면에, 해결해야 할 기회가 무르익은 수평 생태계 내 데이터 흐름 이슈도 많다. 특히, 데이터 획득 측면(하드웨어)은 물론, 데이터 마이닝data mining과 통계적 데이터 분석 분야에서 그러한 편이다. 그래서 우리는 바로 그곳에 대부분의 혁신과 투자 기회가 있다고 믿는다.

그렇지만 결국 최상의 투자 기회는 아주 잘 정의된 문제들에 의해 주도될 것이다. 그 문제들은 향상된 가시성과 생산성, 감소된 추측 작업, 더 나은 위험 관리, 그리고 환경과의 더 나은 연결성을 가진 IoT가 해결해줄 것이다.

결론

    마침내 당신은 이 책을 다 읽었다. 우리가 이 책을 쓰는 데 1년 반 이상이 소요되었다. 그 시간 동안에 상당히 많은 것들이 바뀌었다. 사물인터넷 분야가 너무나도 빠르게 성장하고 있기 때문이다. 처음에 우리가 가설로 세웠던 몇몇 것들이 입증되었고, 회사들이 합병되었고, 신규 진입자가 들어왔으며, 이 분야에서 투자자를 위한 몇 가지 성공적인 퇴장들도 이루어졌다.

    이런 모든 사건들은 사물인터넷의 급격한 성장을 보여준다. 또한 더 많은 기회가 나타날수록 더 많은 회사가 IoT의 시류에 올라탈 것이다. IoT는 거부하거나 무시할 수 없다. IoT는 이미 여기에 머무르고 있으며, 우리의 삶과 비즈니스의 방식을 우리가 오늘날 상상할 수 있는 것 이상으로 더욱 심오하게 변화시킬 것이다. 사물인터넷의 영향력을 1990년대의 웹(인터넷)과 견주어볼 수 있을 것이다. 어떤 이들은 산업혁명의 영향력과 더욱 비슷하다고 본다.

"지금까지, 몇 가지 예외가 있기는 하겠지만, 인터넷에 있는 모든 것이 인간에 의해 생산된 것입니다. 우리는 인터넷의 컨텐츠와 트래픽의 대부분이 사물에 의해 생산되는 세계로 옮겨가고 있습니다"라고 케빈 애시턴이 말했다. 우리는 이러한 진보가 우리를 둘러싼 세계를 얼마나 많이 변화시킬지를 단지 상상만 해볼 수 있을 뿐이다.

많은 기업들과 벤처 투자 회사들과 그 밖의 투자자들이 너무 오래 기다리지 말고, 사물인터넷 세상을 기꺼이 껴안고 프로젝트에 끼어드는 것이 중요하다. 이것이 이 분야를 배울 수 있는 유일한 방법이기 때문이다. 물론, 이 세계에 대해, 그 도전들과 기회들에 대한 선행적 이해를 확립하는 것이 중요한다. 이것이 우리가 이 책을 쓴 이유이기도 하다.

시장이 도래하기를, 그리고 조그마한 장치들을 아주 대량으로 구매하기 시작하기를 기다리는 기업들에는 이런 순간이 결코 오지 않을 수도 있다. 고객들이 IoT 분야에서 당신의 수백만 개나 되는 칩이나 디바이스, 연결회선이나 센서들을 구매하기 시작하게 되는 그 순간을 당신이 기다리고 있다면, 이런 일은 일어날 수도, 일어나지 않을 수도 있다. 그 대신에 당신이 존재 조차도 알지 못했던 사업자들에게서 나온 다른 칩이나 다른 센서를 시장이 선택할 수도 있다. 그런 일이 일어나기를 기다리지 말라. 시장과 그 시장의 동향을 이해하기 시작해야 할 때가 바로 지금이다. 그러므로 당신의 디바이스를 그 신규 시장의 요구에 맞춰 조정하고, 그것이 완전히 시장에 맞춰질 때까지 계속해서, 그리고 그것이 전체 생태계 내에 잘 맞춰져있는지 확인해보라. 이 생태계는 당신에게 익숙한 생태계와는 매우 다를 수도 있다. 하지만 실제로 고객들과 함께 일하다 보면 당신의 새로운 파트너와 공급자가 누구인지를 판단할 수 있게 될 것이다.

이것은 우리가 또 다른 요점에 주목하게 한다. 그것은 바로 IoT 분야에서의 첨단 기술계와 산업계가 현재 서로 단절되어 있다는 것이다. 이는 대부분의 컨퍼런스와 산업계 행사들에서 기술 전문가들이 자기들끼리 이야기하면서 "IoT 시장이 충분히 빠르게 생겨나지 않는다"고 불평하는 데서 확인할 수 있다.

하지만 그런 일은 벌써 일어났다. 그리고 이 기회를 붙잡을 수 있는 최상의 방법은 산업계, 즉 IoT 기술 소비자, 은행, 보험사, 제조 회사, 유틸리티 및 자동화 회사, 지방 자치 단체 등과 이주 밀접하게 함께 일하는 것이다. 일단 산업계와 연결되면서 IoT로 해결할 수 있는 산업계의 실제 문제를 기술 공동체가 더욱 상세하게 이해하기 시작한다면, 아주 많은 새롭고 흥미로운 일들이 벌어질 것이다. 거기에 새로운 기회들과 어플리케이션들과 비즈니스 모델들이 풀려나올 것이다. 그러면서 새로운 사업 방식도 드러날 것이다. 결국 이런 것들로 인해 사물인터넷을 채택하는 분위기가 더욱 활성화될 것이다.

또한, 사물인터넷 관련 커뮤니티들을 구축하는 것은 소비자들의 인지도를 증진시키고, 새로운 가능성도 열어줄 것이다.

이 책을 출발점으로 해서 우리는 이에 기여할 계획을 가지고 있다. 그리고 이 책이 그 여행의 시발점이라고 본다. 이 책을 쓰기 위해 우리가 수행했던 인터뷰에서 나왔던 많은 인용문들이 형식이나 맥락 문제 때문에 실리지 못했다. 그렇지만, 우리는 그것들을 우리의 블로그에 새로운 인터뷰들과, 그 밖의 주목할 만한 간행물들과 함께 공개하려고 한다. 우리는 독자들과의 대화가 우리의 웹사이트(http://thesilentintelligence.com/)에서 계속되기를 기대한다.

2013년 6월, 샌프란시스코에서
다니엘 켈머라이트와 다니엘 오보돕스키

감사의 말

우리 여행에 도움을 준 많은 이들이 없었다면 이 책은 결코 햇빛을 보지 못했을 것이다.

무엇보다도 먼저, 우리 면담에 응해준 모든 분들에게 감사를 전하고 싶다. 그분들은 이 책이 성공적으로 출간되는 데 있어 본질적이며 헤아릴 수 없을 만큼 소중한 공헌을 해주었다. 하버 리서치 소속 글렌 올멘딩거, 벨킨의 케빈 애시턴, MIT 센서블시티랩의 아사프 비더맨, SAP의 크리스천 부시, 퀄컴의 빌 데이비슨, 액센추어의 존 엘리엇, 에릭슨의 요아니스 피코라스, 옴니링크의 스티브 허드슨, 스크립스 연구소의 피터 쿤, AT&T의 글렌 루리, MTSG의 존 메이저 박사, 브리티시컬럼비아 대학의 파노스 나시오폴러스, 타오글라스의 더못 오셔, 퀄컴의 스티브 파졸, MIT의 산제이 사르마 박사, 베스트바이와 주비에의 아리 실키, 커넥티드 월드의 페기 스메들리, 바디미디어의 엘보 스티보릭, 구글의 애스트로 텔러, 에코라이프 재단의 빌 튠, 퀄컴 엔터프라이즈 서비스의 전직 부사장이자 부문장인 존 왈트만, 프로콘의 마크 웰스에게 감사를 전한다. 이분들 외에도 우리는 M2M과 사물인터넷 분야의 전문가들을 셀 수도 없이 만났다. 그들은 우리에게 용기를 불어넣어주고, 이 책에 필요한 흥미로운 통찰들도 제공해주었다.

이 책을 쓸 때 우리들의 멘토가 되어준 스티브 파졸에게는 더욱 큰 감사를 전하고 싶다. 그는 이 책의 주제들과 글쓰기, 그리고 프로모션과 관련해 멋진 조언과 통찰을 제공해주었다. 또한 친절하게도 이 책의 추천사까지 써주었다.

우리는 또 우리의 동료들과 관리자들에게도 감사의 마음을 전하고 싶다. 그들은 우리를 믿어주고, 우리가 각자의 회사에서 이 일에 착수할 수 있도록 지원해주었다. 다니엘 켈머라이트는 데테콘 인터내셔널Detecon International의 대표인 프랜시스 데프레즈에게 특별한 감사를 전하며, 다니엘 오보돕스키는 퀄컴의 기술 담당 부사장인 아흐마드 자랄리에게 특별한 감사를 전한다.

매트 오스텔르가 자가 출판(self-publishing) 과정의 모든 단계들을 우리에게 설명해주었고, 주요 인사들을 우리에게 소개해주었던 것이 우리가 글을 쓰는 데 지극히 큰 도움이 되었다. 편집자 세나 트렌홀름은 우리가 작성한 원문에 관해 질문하면서 훨씬 재미있고 읽기 좋은 글로 만들기 위해 수많은 날들을 보냈다. 소피아 달리는 우리 웹 페이지와 모든 소셜 미디어 사이트를 위한 그래픽 디자인들을 해주었다. 베스 아델만이 최종 광고문안을 편집하고, 출처들도 점검해주었다. 놀라운 판촉용 동영상을 만들어준 크리스 세도에게도 감사를 전한다. 이 책을 준비하는 동안, 우리는 레브닷컴rev.com(이전에는 foxtranscribe.com)이 제공하는 서비스로 모든 인터뷰들을 빠르고 비용효율적으로 글로 기록했다. 우리는 또한 책 표지 그래픽 디자인에 99디자인닷컴99design.com을 사용했다. 본문 형태와 전자책 레이아웃과 최종 교정은 1106디자인1106 Design에서 했다.

마지막으로, 이 여정을 밟는 내내 우리를 지지해준 각자의 가족들 모두에게 감사를 전하는 바이다.

IoT 세상으로의 여행

　IoT(사물인터넷)는 불과 몇 년 전만 해도 우리에게 생소한 용어였다. 옮긴이가 IoT를 소개할 때면 언제나 모두冒頭에 '상호운영성시험(Inter-Operability Test)'의 약어에 해당하는 IOT와 대별해서 "가운데 영문 'o' 자를 꼭 소문자로 표기해주세요" 하고 주문하곤 했다. 그리고 이제는 IoT라는 용어가 '뭔가 새로운 패러다임을 끌고 나가게 될 키워드'로 우리 일반 대중들에게 어느 정도 인지되고 있는 듯하다. 이는 지난 10여 년 동안 '무선 기술(wireless technology)'을 통해 '인간의 개입(human intervention)'을 최소화하는 방향으로 '사물과 소통'할 수 있는 세상을 만들어보자는 많은 이들의 부단한 노력에 기인한 것이라고 생각된다. 필자들은 이를 '우리를 둘러싼 아날로그적 세계와 디지털 방식으로 대화할 수 있는 독특한 기회'라고 표현했다.

우리나라의 경우, 1990년대 이전까지는 텔레메트리Telemetry라는 용어로, 2000년대에는 M2M 또는 USN(Ubiquitous Sensor Network)이라는 용어로, 2010년대에 들어서서는 IoT라는 용어로 변천을 거듭해오면서 척박한 비즈니스의 토양을 지속 개간해왔다. 이러한 노력들의 일환으로 2014년에는 기존 생태계를 한국사물인터넷협회(www.kiot.or.kr)와 사물인터넷포럼(www.iotforum.kr)으로 새롭게 구성해서 산·학·연·관 협력 생태계의 구심체로서 역할을 강화하고 있다. 이는 기존 RFID, USN, M2M, IoT 등의 개별적 생태계가 IoT라는 브랜드 하나로 연합했다는 것에 그 의의가 크다고 보여진다.

이 책《사일런트 인텔리전스》는 필자들의 IoT 비즈니스 경험과 다수 전문가들의 지식을 통해 IoT의 과거와 현재 그리고 미래를 조망한 개론서 성격의 에세이다. 이 책이 집필된 '2013년 미국'과 번역본이 발간되는 '2016년 한국'은 시간적·공간적 거리가 있기는 하나, 그 경험들과 해결해야 할 도전들, 그리고 지향하는 방향에 있어서는 여전히 맥을 같이하고 있는 듯하다. 특히 엔드투엔드 솔루션 공급자의 경쟁력(제2장), 정보 개방과 공유의 플랫폼

(제3장), 사용 데이터 공유 비즈니스모델(제4장), 연결에 의한 실시간 데이터와 직접적인 피드백의 중요성(제5장), 연결의 1차, 2차, 3차 가치의 발굴(제5장), 제품의 시장 진출을 위한 완전한 생태계 구축의 중요성(제6장) 등은 독자가 유심히 들여다볼만한 포인트로 보여진다.

이 책을 번역함에 있어서 옮긴이가 가졌던 몇 가지 원칙들을 공유하고자 한다. 먼저 에세이라는 특징을 살리기 위해 가급적 필자들이 강조·표현하고 싶어했던 의도와 뉘앙스가 최대한 살아서 직접 전달되게 하고 싶었다. 그것이 우리식의 표현 방식으로는 다소 어색하고 거칠더라도 말이다. 또한 IT 분야 또는 경영학 분야에서 어느 정도 통용되고 있는 외래어나, 우리말로 번역하는 것이 그 함축된 의미를 전달하지 못하는 경우에는 외래어 그대로 표기했다. 디바이스, 어플리케이션, 커넥티드 홈, 머신투머신, 티핑포인트 등이 그것이다.

번역 작업에서 용어의 선택과 번역 방향에 대해 많은 조언을 해주신 김호원 교수님을 비롯한 IoT 구루guru들께 이곳을 빌어 감사의 말씀을 드린다. 특히 번역 작업 전반에 응원과 감수를 기꺼이 해주신 이윤덕 교수님께 감사를 전하며, 해석과 번역에 있어서 문장 하나, 문구 하나, 단어 하나를 가지고 씨름할 때마다 밤 늦게까지 함께 토론해주었던 김채훈 군, 김시훈 군에게도 감사를 전한다.

옮긴이는 2013년 8월 영국 캠브리지 대학교에서 개최된 IoT 컨퍼런스에 한국 대표로 참석한 적이 있다. IoT의 현재와 미래에 관한 강연자의 기조 연설이 막바지에 다다랐을 때 청중에서 누군가가 "어느 나라가 IoT를 잘 하고 있으며 잘 해낼 것 같은가?" 하는 다소 직선적인 질문을 던졌다. 정말 놀랍게도 그 강연자는 조금의 망설임도 없이 "사우스코리아"라고 대답했다. 그는 그렇게 생각하는 3가지 이유를 들었다. 첫 번째는 한국이 최고의 IT와 네트워크 인프라를 가지고 있어서 훌륭한 테스트베드가 될 수 있다는 것, 두 번째는 굉장히 다양하고 많은 적용 사례를 이미 가지고 있다는 것, 세 번째는 한국의 IoT 분야에 참여하고 있는 사람들이 대단히 활발하고 역동적으로 준비하고 있다는 것이었다.

물론 그러한 외부의 시선과 우리 내부의 환경 사이에는 면밀히 되돌아볼 것들이 있기는 하지만, 적어도 현재까지는 IoT에 관한 국제 무대에서 우리의 선도적인 위상에 대해 우리가 자부해도 될 듯 하다고 생각한다. 문제는 앞으로 탐험하고 헤쳐나가야 할 미래에 대한 것이다. 독자 여러분들도 이 책을 계기로 누구도 가보지 않은 IoT 세상으로의 '가슴 설렘 가득한 여행'에 함께 동참하는 기회를 갖기를 기대한다.

2016년 6월 김우용

사일런트 인텔리전스

2016년 7월 1일 1판 1쇄 박음
2016년 7월 5일 1판 1쇄 펴냄

지은이 대니얼 켈머라이트, 대니얼 오보돕스키
감수자 이윤덕 **옮긴이** 김우용
펴낸이 김철종
책임편집 장웅진
디자인 이찬미, 정진희, 김정호
마케팅 오영일, 조남윤
인쇄제작 정민문화사

펴낸곳 (주)한언
출판등록 1983년 9월 30일 제1 - 128호
주소 110 - 310 서울시 종로구 삼일대로 453(경운동) KAFFE빌딩 2층
전화번호 02)701 - 6911 **팩스번호** 02)701 - 4449
전자우편 haneon@haneon.com **홈페이지** www.haneon.com

ISBN 978-89-5596-762-3 13320

이 도서의 국립중앙도서관 출판예정도서목록(CIP)은 서지정보유통지원시스템 홈페이지(http://seoji.nl.go.kr)와
국가자료공동목록시스템(http://www.nl.go.kr/kolisnet)에서 이용하실 수 있습니다.(CIP제어번호: CIP2016014333)

한언의 사명선언문

Since 3rd day of January, 1998

Our Mission – 우리는 새로운 지식을 창출, 전파하여 전 인류가 이를 공유케 함으로써 인류 문화의 발전과 행복에 이바지한다.

– 우리는 끊임없이 학습하는 조직으로서 자신과 조직의 발전을 위해 쉼 없이 노력하며, 궁극적으로는 세계적 콘텐츠 그룹을 지향한다.

– 우리는 정신적·물질적으로 최고 수준의 복지를 실현하기 위해 노력 하 며, 명실공히 초일류 사원들의 집합체로서 부끄럼 없이 행동한다.

Our Vision 한언은 콘텐츠 기업의 선도적 성공 모델이 된다.

저희 한언인들은 위와 같은 사명을 항상 가슴속에 간직하고
좋은 책을 만들기 위해 최선을 다하고 있습니다.
독자 여러분의 아낌없는 충고와 격려를 부탁 드립니다.
· 한언 가족 ·

HanEon's Mission statement

Our Mission – We create and broadcast new knowledge for the advancement and happiness of the whole human race.

– We do our best to improve ourselves and the organization, with the ultimate goal of striving to be the best content group in the world.

– We try to realize the highest quality of welfare system in both mental and physical ways and we behave in a manner that reflects our mission as proud members of HanEon Community.

Our Vision HanEon will be the leading Success Model of the content group.